L'Edificio Metrópolis (p. 72) marque l'extrémité sud de la Gran Via.
LUCVI/SHUTTERSTOCK ©

EFIRED/SHUTTERSTOCK ©

raisonnables et du flamenco de haut niveau. (p. 133)

Las Tablas Une petite salle proposant toujours des spectacles de grande qualité. (p. 47)

Casa Patas Une des adresses les plus célèbres de Madrid, doublée d'une école de flamenco réputée. (p. 61)

Villa Rosa Cette salle ... accueilli le tournage ...n d'Almodóvar ...nt revenue ...*mencas*.

tout le monde peut s'exprimer. (p. 62)

Salles de jazz

Café Central Tous les grands noms du jazz ont joué dans la superbe salle Art déco de ce club régulièrement classé parmi les meilleurs du monde. (p. 78)

El Junco Jazz Club Propose une excellente formule : concerts de jazz et DJ toute la nuit. (p. 135)

...lubs de rock ...t plus...

...a El Sol Ce lieu ...ématique du Madrid ...nées 1980 a toujours ... de succès. (p. 78)

Costello Café & Niteclub Une adresse chic rappelant les bars à cocktails de SoHo. (p. 80)

ContraClub Le rock est souvent à l'honneur dans ce club/salle de concerts à la programmation variée. (p. 62)

Musique classique

Teatro Real Les meilleurs artistes lyriques espagnols se produisent dans cette salle à l'acoustique parfaite. (photo ci-dessus, p. 43)

Teatro de la Zarzuela Programme des *zarzuelas*, un genre espagnol typique mi-théâtre mi-opéra, ainsi que de prestigieux spectacles de danse contemporaine. (p. 78)

Clubs

Les discothèques (discotecas en espagnol) de la capitale n'ont rien à envier à celles des autres villes espagnoles ou européennes. Les nuits madrilènes sont longues et animées ; et les noctambules vivent ici intensément. Les meilleures adresses sont généralement de gros clubs à la déco design et à la clientèle ultra branchée comptant parfois de nombreuses salles avec des styles musicaux variés.

MARK READ/LONELY PLANET ©

Horaires d'ouverture et tarifs

La plupart des établissements n'ouvrent pas avant minuit environ, et il n'y a vraiment de l'ambiance qu'à partir de 1h, voire 3h dans certains endroits, après la fermeture des bars. Les prix d'entrée varient beaucoup, mais tournent généralement autour de 15 €. Les boîtes où l'entrée est gratuite se rattrapent sur le prix des boissons ; ne planifiez donc pas votre soirée en fonction des tarifs à l'entrée.

Les meilleures adresses

Teatro Joy Eslava Cet ancien théâtre est depuis longtemps réputé pour sa bonne musique, ses performances live et sa clientèle joyeuse. (p. 45)

Teatro Kapital Il y en a pour tous les goûts dans le plus ancien mégaclub madrilène, qui compte 7 étages. (p. 105)

Ya'sta Cette institution dans le quartier de Malasaña compte dans les nuits madrilènes depuis trente ans. (p. 133)

Almonte Pour changer des boîtes habituelles, allez écouter des airs de flamenco et mêlez-vous au joli groupe de danseurs amateurs. (p. 118)

Gabana 1800 Gardez l'œil ouvert : vo y croiser de du Real Évid d'y

Madrid gratuit

BILL PERRY/SHUTTERSTOCK ©

Visiter Madrid peut se révéler cher, mais si l'on organise bien son planning, on peut découvrir le meilleur de la capitale espagnole sans se ruiner... Certains sites peuvent en effet être visités gratuitement. Et pour les sites les plus importants, renseignez-vous bien, l'entrée est parfois libre à certaines heures.

Toujours gratuit

Ermita de San Antonio de la Florida Admirez gratuitement les fresques de Goya, à l'endroit même où il les a peintes. (p. 138)

El Rastro Le marché aux puces du dimanche matin est une activité incontournable à Madrid. (p. 53)

Parque del Buen Retiro Un magnifique parc, en plein cœur de la ville. (p. 100)

...ción de Chamberí ...dez sous terre pour ...tation de métro ...rid. (p. 137)

...adrid ...mple égyptien, dont l'accès est gratuit, comme celui du joli parc qui l'entoure. (p. 139)

Museo de Escultura al Aire Libre Des sculptures de certains des plus grands artistes espagnols, exposées en plein air. (p. 114)

Museo Taurino La visite des arènes et du musée est gratuite, contrairement aux visites guidées et aux corridas. (p. 120)

Museo de Historia Un voyage à travers le passé de Madrid, avec une toile de Goya en prime. (p. 128)

Parfois gratuit

Musée du Prado Gratuit entre 18h et 20h du lundi au samedi, et entre 17h et 19h le dimanche. (p. 86)

Musée Thyssen-Bornemisza Gratuit le lundi. (p. 92)

Centro de Arte Reina Sofía Gratuit de 13h30 à 19h le dimanche, et de 19h à 21h le lundi et du mercredi au samedi. (p. 96)

Real Academia de Bellas Artes de San Fernando Gratuit le mercredi. (p. 71)

Basílica de San Francisco El Grande Gratuit aux heures de messe. (photo ci-dessus, p. 56)

Madrid en 4 jours

Jour 1

MARK READ/LONELY PLANET ©

Commencez la journée comme il se doit, **Plaza Mayor** (p. 36), ou devant un petit-déjeuner avec un *chocolate con churros* (photo ci-dessus) à la **Chocolatería de San Ginés** (p. 46). Tant que vous êtes dans la vieille ville, allez voir la **Plaza de la Villa** (p. 42) et la **Plaza de Oriente** (p. 43). Après un café ou un verre de vin au **Café de Oriente** (p. 47), visitez le **palais royal** (p. 38), puis allez au **Mercado de San Miguel** (p. 44) pour un déjeuner de tapas. Si vous ne devez visiter qu'un seul musée à Madrid, optez pour le **musée du Prado** (p. 86), où l'on passe facilement tout l'après-midi. Dînez au **Restaurante Sobrino de Botín** (p. 83). Offrez-vous ensuite un spectacle de flamenco à **Las Tablas** (p. 47), suivi d'un cocktail au **Museo Chicote** (p. 131).

Jour 2

KRZYSZTOF DYDYNSKI/LONELY PLANET ©

Visitez le **Centro de Arte Reina Sofía** (p. 96) puis, pour changer de l'animation de la veille, prenez les rues filant jusqu'au **Parque del Buen Retiro** (photo ci-dessus, p. 100), où vous profiterez du calme pendant une ou deux heures. Descendez jusqu'à la **Plaza de Cibeles** (p. 103), déjeunez de tapas à **Estado Puro** (p. 104) ou à **Los Gatos** (p. 75), puis prenez le métro pour aller admirer les fresques de Goya à l'**Ermita de San Antonio de la Florida** (p. 138). De retour dans le centre, faites le plein de souvenirs à la **Casa de Diego** (p. 80), à **El Arco Artesanía** (p. 48) et à l'A
Casa Talavera (p. 48
Allez écouter du j
Central (p. 78
un verre à E
(p. 76), a
à **Cas**

Jour 3

Passez la matinée au **musée Thyssen-Bornemisza** (p. 92), puis mettez le cap à l'est pour visiter la **Plaza de Toros** (photo ci-dessus, p. 120). Finissez la matinée par une virée shopping dans la **Calle de Serrano**.

Si vous avez envie d'un repas gastronomique, tentez l'expérience **Platea** (p. 115) ; sinon, les amoureux des tapas opteront pour **Biotza** (p. 116). Allez digérer pendant une heure ou deux au **musée Lázaro Galdiano** (p. 108).

À l'approche du crépuscule, prenez le métro jusqu'au quartier de La Latina pour entamer une longue tournée des bars à tapas dans la Calle de la Cava Baja. Un verre de vin à la **Taberna El Tempranillo** (p. 60) et un mojito à la terrasse du **Delic** (p. 60), sur la Plaza de la Paja, devraient vous mettre en jambes pour la nuit.

Jour 4

Les amateurs d'art iront voir la superbe collection de la **Real Academia de Bellas Artes de San Fernando** (p. 71). Les petites rues du quartier de Malasaña entre la Calle del Pez, la Plaza del Dos de Mayo et la Glorieta de Bilbao méritent aussi d'être explorées.

Déjeunez à l'**Albur** (p. 130) ou au **Bazaar** (p. 129). S'il vous reste au moins 3 heures de temps libre, prenez le train pour **San Lorenzo de El Escorial**, un somptueux ensemble comprenant un palais et un monastère (photo ci-dessus, p. 140).

De retour à Madrid, si vous avez bien prévu votre journée, vous aurez le temps pour un dernier spectacle, cette fois-ci au **Teatro de la Zarzuela** (p. 78). Passez le reste de la nuit à l'**Almonte** (p. 117) ou à **El Junco Jazz Club** (p. 135).

Les basiques

Pour plus d'informations, voir le *Carnet pratique* (p. 145)

Monnaie
Euro (€)

Langue
Espagnol (castillan)

Formalités
Carte d'identité ou passeport en cours de validité pour les ressortissants de l'UE et des pays de l'espace Schengen. Les Canadiens n'ont pas besoin de visa pour un séjour en deçà de 90 jours.

Argent
Il y a des DAB partout ; les cartes bancaires sont acceptées dans la plupart des établissements.

Smartphones
À l'intérieur de l'UE, on peut désormais utiliser son téléphone sans payer de frais supplémentaires. On trouve facilement des cartes SIM locales fonctionnant avec des portables européens.

Pourboires
Pratique peu répandue.

Budget quotidien

Moins de 100 €

Lit en dortoir : 15-25 €

Chambre double en *hostal* (hôtel économique) : 50-70 €

Menú del día (formule déjeuner du jour, 3 plats) 10-15 €

Visites pendant les plages horaires où l'entrée est gratuite.

De 100 à 200 €

Chambre double en hôtel de catégorie moyenne : 71-150 €

Déjeuner et/ou dîner dans un bon restaurant : 20-50 € par personne et par repas

Entrée dans un musée : 10-15 €

Plus de 200 €

Chambre double en hôtel de catégorie supérieure : à partir de 150 €

Déjeuner et dîner dans un grand restaurant : à partir de 50 € par personne et par repas

Cocktails : 8-15 €

À prévoir

Trois mois avant Retenez un dîner au DiverXo (p. 11), au Viridiana (p. 104), ou à La Terraza del Casino (p. 75).
Un mois avant Réservez votre hébergement, surtout pour ceux de catégorie supérieure, ainsi que vos billets si vous voulez voir un **match du Real Madrid** (☎ 902 324 324 ; www.realmadrid.com ; Av de Concha Espina 1 ; billets à partir de 40 € ; Ⓜ Santiago Bernabéu).
Une semaine avant Achetez en ligne vos billets pour le musée du Prado (p. 86).

Arriver à Madrid

Aeropuerto Adolfo Suárez Madrid-Barajas

Métro (entre 6h05 et 1h30), bus (5 €) et minibus (24h/24 pour les deux) pour le centre de Madrid ; taxi 30 €.

Estación de Atocha (gare ferroviaire d'Atocha)

Métro et bus pour le centre de Madrid (entre 6h05 et 1h30) ; taxi à partir de 8 €.

Estación de Chamartín (gare ferroviaire de Chamartín)

Métro et bus pour le centre de Madrid (entre 6h05 et 1h30) ; taxi 13 € environ.

Estación Sur de Autobuses (gare routière)

Métro et bus pour le centre de Madrid (entre 6h05 et 1h30) ; taxi à partir de 13 € environ.

Comment circuler

Les tickets Metrobús (10 voyages) coûtent 12,20 €. Enregistrés sur votre Tarjeta Multi, ils sont valables dans les métros et bus de Madrid. Tickets en vente dans la plupart des kiosques à journaux et *estancos* (bureaux de tabac), ainsi qu'aux guichets et sur les bornes.

Bus

Itinéraires et numéros des lignes sur www.emtmadrid.es.

Métro

Le centre de Madrid est quadrillé par 12 lignes de couleurs différentes (www.metromadrid.es). Généralement, seules les lignes 1 à 10 sont utiles aux visiteurs.

Train

Les trains de banlieue *cercanías* géré par la Renfe sont pratiques pour voyager rapidement entre les gares de Chamartín et d'Atocha.

KRZYSZTOF DYDYNSKI/LONELY PLANET ©

Les quartiers de Madrid

La Plaza Mayor et le Madrid royal (p. 35)
Dans le centre historique de la ville : des bâtiments à l'architecture superbe, de fabuleux restaurants et de jolies boutiques.

La Latina et Lavapiés (p. 51)
Dans ces quartiers de la vieille ville : les meilleures adresses de bars à tapas et l'emblématique Rastro, le marché aux puces du dimanche matin.

Sol, Santa Ana et Huertas (p. 67)
Le cœur battant de Madrid, où la vie nocturne ne s'arrête vraiment jamais : clubs, cafés, bars, restaurants et des rues pleines de charme.

Malasaña et Chueca (p. 123)
Malasaña l'alternatif et le gay Chueca sont deux quartiers extrêmement animés. Peu de sites touristiques, mais restos, bars et clubs branchés.

Salamanca (p. 107)
Un quartier chic et plutôt tranquille où les boutiques de luxe, les épiceries fines et les bars à tapas design comptent parmi les plus branchés de la capitale espagnole.

El Retiro et les musées d'art (p. 85)
Les musées les plus prestigieux de Madrid avec, en prime, le superbe parc d'El Retiro.

Explorer Madrid

Vaut le détour

Les plus belles promenades à pied

Monument à Alphonse XII, Parque del Buen Retiro (p. 100)

Explorer

La Plaza Mayor et le Madrid royal

C'est au cœur de la vieille ville, dense et bouillonnante, que l'histoire de Madrid a commencé. Les palais, les monastères, les églises et les belles places du quartier, siège du pouvoir royal, illustrent à merveille la splendeur de l'Espagne impériale. On vient ici pour admirer la superbe architecture des bâtiments, mais aussi pour les excellents restaurants et pour quelques boutiques intéressantes.

La Plaza Mayor constitue le centre de ce quartier historique, appelé le Madrid de Los Austrias en référence à la dynastie des Habsbourg, qui régna sur l'Espagne de 1516 à 1700. La place est un endroit magnifique et un point de repère important, d'où partent de nombreuses visites du quartier et du reste de la ville.

Les boutiques, les restaurants, les bars et les discothèques se trouvent plutôt à l'est, près de la Plaza Mayor. Les monuments à visiter et les bâtiments remarquables sont disséminés dans tout le quartier.

Comment y aller

M À une courte distance à pied de la Plaza Mayor, la station de métro Sol est une des plus pratiques de Madrid, car elle est desservie par les lignes 1, 2 et 3. La station Ópera (lignes 2 et 5) est aussi un arrêt commode pour visiter le quartier. Avec la ligne 2, on arrive en un clin d'œil au Paseo del Prado (qui n'est qu'à quelques pas des grands musées), au Parque del Buen Retiro et au quartier de Salamanca.

Plan de la Plaza Mayor et du Madrid royal p. 40

La Catedral de Nuestra Señora de la Almudena et le palais royal (p. 38)

Les incontournables

Plaza Mayor

Ici, Madrid apparaît dans toute sa splendeur... Cœur monumental de la ville, la majestueuse Plaza Mayor a été le théâtre des événements historiques les plus importants de la capitale. La vie est aujourd'hui encore bouillonnante sur cette place pavée flanquée de beaux bâtiments ocre ornés de balcons en fer forgé, de fresques ou d'imposantes flèches en ardoise.

PLAN P. 40, E6

M Sol

Histoire

La Plaza Mayor a été dessinée en 1619 par Juan Gómez de Mora dans le style bien reconnaissable de l'architecte Juan de Herrera, à qui l'on doit notamment L'Escurial (p. 140). Notez les flèches en ardoise, l'élément le plus caractéristique de ce style. La béatification du saint patron de Madrid, San Isidro Labrador (saint Isidor le Laboureur) est la première cérémonie publique qui eut lieu sur la place. Jusqu'en 1878, elle accueillait régulièrement des courses de taureaux, en général pour célébrer les naissances et les mariages royaux. Ces événements pouvaient réunir jusqu'à 50 000 personnes et la famille royale y assistait depuis les balcons. C'est aussi là qu'étaient rendus les jugements de l'Inquisition (condamnations au bûcher et supplice du garrot au nord de la place, pendaisons au sud).

Real Casa de la Panadería

Les fresques qui recouvrent la **Real Casa de la Panadería** (Boulangerie royale ; Plaza Mayor 27) ne datent que de 1992, alors que le bâtiment a, lui, été édifié au XVIIe siècle. Elles sont signées Carlos Franco et furent inaugurées l'année où Madrid était la capitale européenne de la culture. Le peintre a puisé son inspiration dans l'imagerie du zodiaque et le panthéon, remarquez par exemple la déesse Cybèle. L'édifice accueille aujourd'hui l'office du tourisme principal de la ville.

Statue équestre de Philippe III

Au centre de la place se dresse une statue de Philippe III sur son cheval. C'est sous son règne que fut construite la Plaza Mayor. La statue fut déplacée du parc de la Casa de Campo à la Plaza Mayor en 1848. Elle est rapidement devenue un lieu de rendez-vous classique pour les Madrilènes qui, pour plaisanter, conviennent de se retrouver "sous les bourses du cheval".

★ À savoir

- Pour découvrir l'histoire tumultueuse de la place, observez les images ornant les bancs circulaires, autour des réverbères (et les cadenas, de plus en plus nombreux).
- Le dimanche matin, les marchands de pièces de monnaie, de billets et de timbres anciens investissent la place.
- De décembre à début janvier, la place accueille un marché de Noël.
- Les bars et restaurants sont très chers, mieux vaut donc les éviter.

Une petite faim ?

À l'ouest de la place, le Mercado de San Miguel (p. 44) permet d'allier architecture historique et expérience gastronomique.

Pour un fast-food à la mode de Madrid, essayez le *bocadillo de calamares* (sandwich aux calamars frits) de La Ideal (p. 44).

Les incontournables

Palais royal

On peut imaginer le regard de Philippe V, premier roi de la dynastie des Bourbons, s'illuminer quand le vieil alcazar maure brûla en 1734, laissant vacant un superbe terrain sur les hauteurs de la ville. Il rêva alors d'un édifice qui surpasserait toutes les résidences des autres rois européens. Le palais de 2 800 pièces qui fut construit dans un style baroque italianisant est effectivement monumental et d'une beauté frappante.

PLAN P. 40, B6

www.patrimonionacional.es

Calle de Bailén

Tarif plein/réduit 11/6 €, guide/audioguide 4/3 €, ressortissants UE gratuit les deux der heures lun-jeu

10h-20h avr-sept, 10h-18h oct-mars

M Ópera

Plaza de la Armería

La cour d'honneur, la Plaza de la Armería (ou Plaza de Armas, place d'Armes), permet de réaliser l'ampleur du palais. On y a une belle vue sur la cathédrale (Catedral de Nuestra Señora de la Almudena). La relève de la garde royale, en uniforme d'époque, a lieu le premier mercredi du mois (sauf en août et en septembre) à midi, entre le palais et la cathédrale. On peut assister à une autre relève, moins impressionnante, dans l'enceinte du palais devant la Puerta del Príncipe tous les mercredis entre 11h et 14h.

Salón del Trono

Depuis l'extrémité nord de la Plaza de la Armería, l'escalier principal, superbe affirmation du pouvoir impérial, conduit aux appartements royaux, puis au Salón del Trono (salle du trône), incroyablement somptueux. Ses murs sont couverts de velours pourpre et le plafond peint est l'œuvre du remarquable maître du baroque vénitien Tiepolo.

Salón Gasparini et Salón de Porcelana

Près de la salle du trône, la salle Gasparini possède un beau plafond rococo en stuc ainsi que de magnifiques murs tapissés de soies brodées. Dans le salon de Porcelaine, le style est différent mais tout aussi fastueux avec des murs entièrement décorés de pièces en porcelaine provenant de l'ancienne manufacture Retiro.

Jardines de Sabatini

D'inspiration française, les **jardins de Sabatini** (gratuit ; 9h-22h mai-sept, 9h-21h oct-avr ; M Ópera) s'étendent du côté nord du palais. Ils furent aménagés dans les années 1930 là où se trouvaient autrefois les écuries royales. Majestueux avec leurs fontaines et leurs petits labyrinthes, ces jardins offrent également un très beau point de vue sur la façade nord du palais.

★ À savoir

- Prévoyez d'être sur place à 10h, avant l'arrivée des bus touristiques.
- Ayez un plan B au cas où le palais soit fermé le jour de votre visite en raison d'un événement royal.
- Une visite guidée ou un audioguide vous permettront de découvrir de nombreux détails sur le palais.

Une petite pause ?

Peu d'endroits offrent une plus jolie vue que les tables en terrasse du Cafe de Oriente (p. 47), qui donne sur le palais royal.

El Café de la Ópera (91 542 63 82 ; www.elcafedelaopera.com ; Calle de Arrieta 6 ; 8h-minuit ; ; M Ópera), situé en face de l'opéra, est une adresse très chic. Le soir, des spectacles y ont lieu.

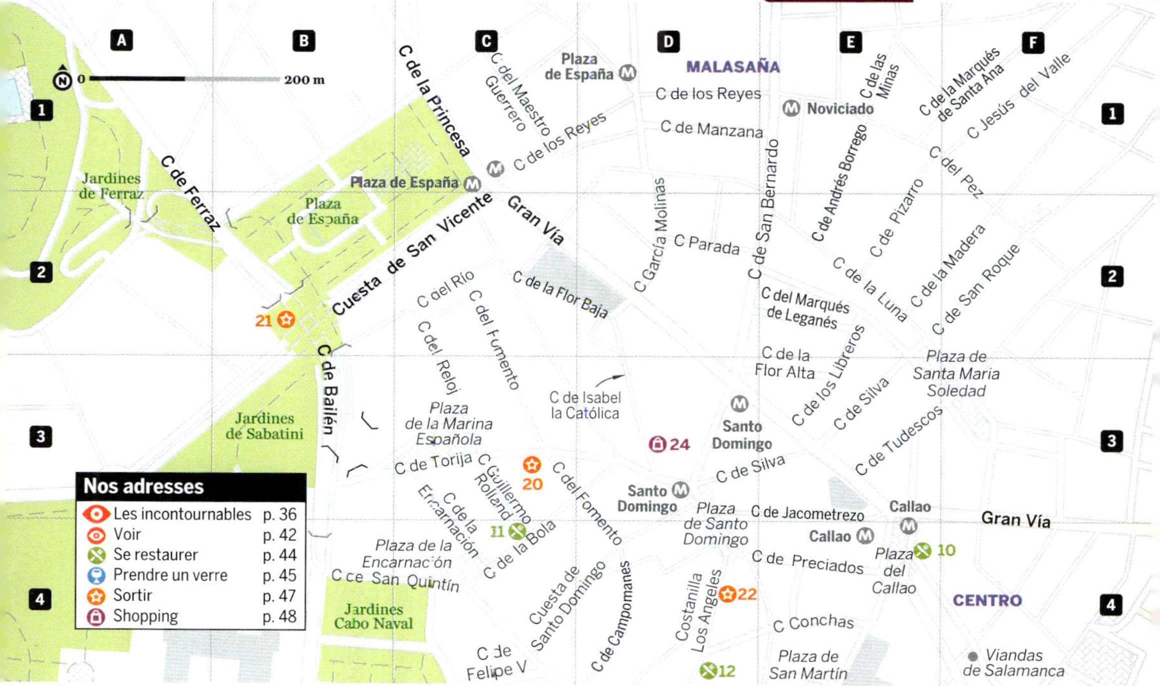
A
B
C
D
E
F
1
2
3
4
0
200 m
Nos adresses
Les incontournables p. 36
Voir p. 42
Se restaurer p. 44
Prendre un verre p. 45
Sortir p. 47
Shopping p. 48
MALASAÑA
CENTRO
Jardines de Ferraz
C de Ferraz
Plaza de España
Plaza de España
Plaza de España
C de la Princesa
C del Maestro Guerrero
C de los Reyes
C de los Reyes
C de Manzana
Noviciado
C de las Minas
C de la Marqués de Santa Ana
C Jesús del Valle
C del Pez
C de Pizarro
C de Andrés Borrego
C de San Bernardo
C García Molinas
C Parada
Gran Vía
Cuesta de San Vicente
21
C de Bailén
Jardines de Sabatini
C del Río
C del Reloj
C del Fomento
C de la Flor Baja
C del Marqués de Leganés
C de la Luna
C de la Madera
C de San Roque
C de la Flor Alta
C de los Libreros
C de Silva
Plaza de Santa Maria Soledad
C de Tudescos
C de Isabel la Católica
Santo Domingo
24
Plaza de la Marina Española
C de Torija
C Guillermo Rolland
20
C del Fomento
C de la Encarnación
11
C de la Bola
Plaza de la Encarnación
C ce San Quintín
Jardines Cabo Naval
C de Felipe V
Cuesta de Santo Domingo
C de Campomanes
Santo Domingo
Plaza de Santo Domingo
C de Silva
C de Jacometrezo
Callao
Callao
Gran Vía
Plaza del Callao
10
C de Preciados
Costanilla Los Angeles
22
C Conchas
12
Plaza de San Martín
Viandas de Salamanca

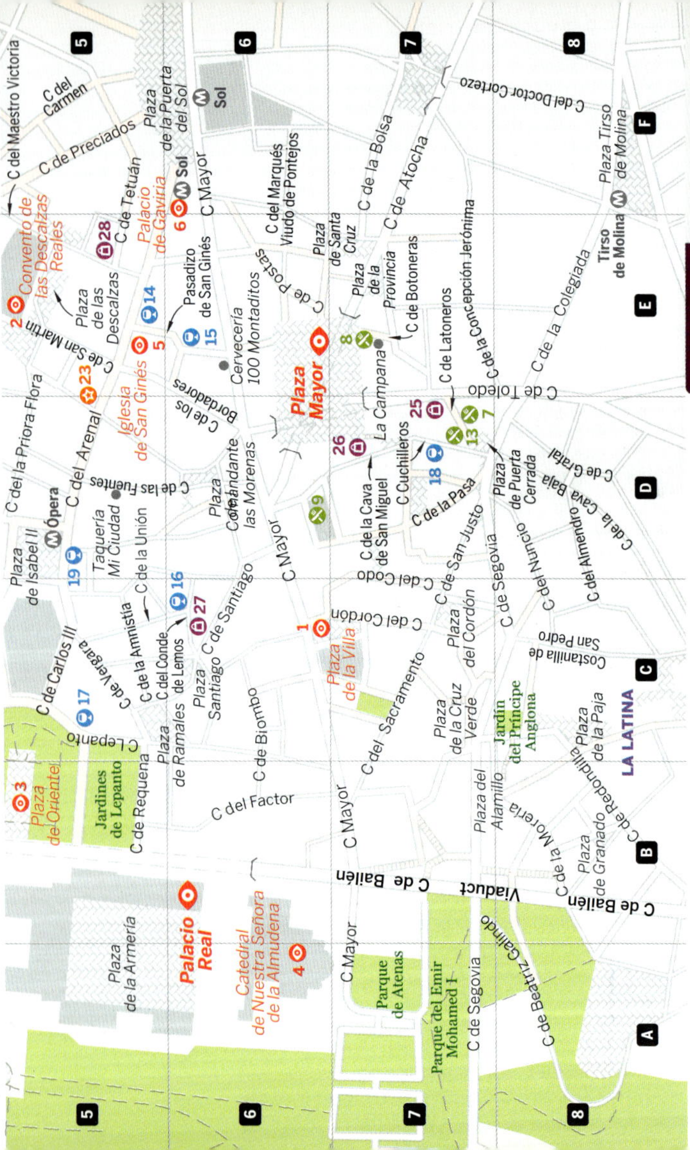
A
B
C
D
E
F
5
6
7
8
Plaza de la Armería
Palacio Real
Catedral de Nuestra Señora de la Almudena
4
C Mayor
Parque de Atenas
Parque del Emir Mohamed I
C de Segovia
C de Beatriz Galindo
C de Bailén
Viaduct
3
Plaza de Oriente
Jardines de Lepanto
C de Requena
C Lepanto
C del Factor
C Mayor
C de la Morería
Plaza del Alamillo
Plaza de Granado
C de Redondilla
Plaza de la Paja
LA LATINA
Jardín del Príncipe Anglona
Plaza de la Cruz Verde
C del Sacramento
C de Biombo
Plaza de Ramales
17
C de Carlos III
C de Vergara
C de la Amnistía
C del Conde de Lemos
Plaza Santiago
C de Santiago
Plaza de la Villa
1
C del Cordón
Plaza del Cordón
C de Segovia
Costanilla de San Pedro
C del Almendro
C del Nuncio
C de San Justo
C del Codo
C Mayor
Plaza de Isabel II
19
Taquería Mi Ciudad
C de la Unión
16
27
Ópera
C de las Fuentes
Plaza Comandante las Morenas
C de la Cava de San Miguel
C Cuchilleros
C de la Pasa
9
18
Plaza de Puerta Cerrada
C de la Cava Baja
C de Grafal
C de la Priora Flora
C del Arenal
23
Iglesia de San Ginés
C de los Bordadores
26
Plaza Mayor
25
La Campana
13
7
C de Toledo
C de San Martín
5
Cervecería 100 Montaditos
15
8
C de Latoneros
C de la Concepción Jerónima
C de la Colegiata
2
Convento de las Descalzas Reales
Plaza de las Descalzas
14
Pasadizo de San Ginés
C de Postas
Plaza de la Provincia
C de Botoneras
28
C de Tetuán
Palacio de Gaviria
6
Plaza de Santa Cruz
C del Marqués Viudo de Pontejos
C de la Bolsa
C de Atocha
Tirso de Molina
C del Maestro Victoria
C de Preciados
Sol
C Mayor
C del Carmen
Plaza de la Puerta del Sol
Sol
C del Doctor Cortezo
Plaza Tirso de Molina

Voir

Plaza de la Villa PLACE

1 PLAN P. 40, C6

Cette place est une des plus charmantes de la ville. Elle est bordée sur trois côtés d'édifices très bien conservés et représentatifs du *barroco madrileño* (XVIIe siècle, architecture baroque typique de Madrid, alliant brique, pierre apparente et fer forgé). Du côté ouest de la place trône la **Casa de Villa**, l'ancien hôtel de ville, un bâtiment construit au XVIIe siècle dans le style baroque typique de la dynastie des Habsbourg. Remarquez notamment les flèches du toit recouvertes d'ardoise. L'hôtel de ville est aujourd'hui installé dans le Palacio de Cibeles, sur la Plaza de Cibeles (p. 103).

De l'autre côté de la place se dresse la **Casa de los Lujanes**, de style gothique. Sa tour de briques aurait "hébergé" François Ier après sa capture lors de la bataille de Pavie (1525). On raconte que quand ce glorieux captif défila sur la Calle Mayor, les Madrilènes auraient été plus impressionnés par la superbe tenue du monarque français que par son morne ravisseur, Charles Quint (alors Charles Ier d'Espagne), au grand désespoir de ce dernier.

Bâtie en 1537 dans le style plateresque (baroque espagnol des XVe et XVIe siècles), la **Casa de Cisneros** est également un bâtiment remarquable. (M Ópera)

Les deux bonus de la cathédrale

Depuis le Museo de la Catedral, on peut monter dans le dôme (*cúpula*), d'où la vue sur la ville est exceptionnelle. L'entrée au musée se fait par la porte principale de la cathédrale, face au palais royal. La crypte, néoromane, conserve plus de 400 colonnes, 20 chapelles et de beaux vitraux. On y accède par la Calle Mayor.

Convento de las Descalzas Reales MONASTÈRE

2 PLAN P. 40, E5

La sobre façade de style plateresque de ce palais du XVIe siècle ne laisse rien deviner des trésors qui s'y cachent. C'est Jeanne d'Autriche, fille de Charles Quint, qui fonda le monastère. La visite guidée en espagnol (obligatoire) emprunte un escalier Renaissance orné de fresques conduisant au cloître, à l'étage. Les fresques de la voûte sont l'œuvre de Claudio Coello, un des chefs de file de l'école de Madrid du XVIIe siècle. Ses peintures ornent également les murs du monastère de San Lorenzo de El Escorial. (Monastère des Déchaussées royales ; www.patrimonionacional.es ; Plaza de las Descalzas 3 ; 6 €, avec le Convento de la Encarnación 8 € ; 10h-14h et 16h-18h30 mar-sam, 10h-15h dim ; M Ópera, Sol)

Plaza de Oriente

PLACE

3 PLAN P. 40, B5

Cette place semi-circulaire est le cœur du Madrid impérial, entre le palais royal, qui devait être le Versailles espagnol, des cafés très chics installés au pied d'appartements dont le prix vaut bien un salaire de roi, le **Teatro Real** (902 244848 ; www.teatro-real.com), opéra de la ville et lieu culturel central en Espagne, et des couchers de soleil absolument merveilleux. (M Ópera)

Nuestra Señora de la Almudena

CATHÉDRALE

4 PLAN P. 40, A6

Si Paris a Notre-Dame et Rome Saint-Pierre, la capitale espagnole n'a curieusement aucun monument d'envergure évoquant un illustre passé chrétien. La construction de la cathédrale débuta en 1879, mais les travaux ne furent achevés qu'au début des années 1990. L'architecture extérieure du sanctuaire est certes en harmonie avec le palais royal, voisin, mais l'intérieur, démesuré, est totalement dénué de charme… Les plafonds modernes, bien que très colorés, ne suffisent pas à compenser le manque de solennité et de grandeur qui fait le cachet des grandes cathédrales. (91 542 22 00 ; www.catedraldelaalmudena.es ; Calle de Bailén ; cathédrale et crypte don souhaité, musée adulte/enfant 6/4 € ; 9h-20h30 lun-sam, musée 10h-14h30 lun-sam ; M Ópera)

Iglesia de San Ginés

ÉGLISE

5 PLAN P. 40, E5

Au nord de la Plaza Mayor, l'Iglesia de San Ginés fut construite en 1645 sur les ruines d'une des plus anciennes églises de Madrid – remontant au moins au XIVe siècle. L'édifice actuel date de 1645 mais il a été en grande partie reconstruit après l'incendie de 1824. L'église conserve quelques superbes tableaux, notamment *Le Christ chassant les marchands du Temple* (1614) du Greco, très bien mis en valeur : la vitre est placée à 6 mm de la toile pour éviter les reflets. (Calle del Arenal 13 ; gratuit ; 8h45-13h et 18h-21h lun-sam, 9h45-14h et 18h-21h dim ; M Sol, Ópera)

Palacio de Gaviria

MUSÉE

6 PLAN P. 40, F6

Ce palais italianisant du XIXe siècle était jusqu'à récemment une boîte de nuit ! Il a été astucieusement transformé en 2017 en un centre d'art très dynamique. Il accueille de grandes expositions temporaires. Une rétrospective des œuvres d'Escher ou encore d'Alphonse Mucha ont récemment été programmées. Outre ces événements de grande qualité, cet imposant palais Renaissance possède des plafonds peints d'extraordinaires fresques. Bref, c'est devenu un des lieux culturels majeurs à Madrid. (902 044226 ; Calle del Arenal 9 ; adulte/enfant 12 €/gratuit ; 10h-20h dim-jeu, jusqu'à 21h ven-sam ; M Sol)

Se restaurer

Casa Revuelta TAPAS €

7 PLAN P. 40, D7

Les tapas de *bacalao* (morue) de Casa Revuelta font partie des meilleures de Madrid – ici, les *tajadas de bacalao* sont dépourvues d'arêtes et d'autant plus faciles à déguster. Autres spécialités : les *torreznos* (morceaux de lard), les *callos* (tripes) et les *albóndigas* (boulettes de viande). (91 366 33 32 ; Calle de Latoneros 3 ; tapas à partir de 3 € ; 10h30-16h et 19h-23h mar-sam, 10h30-16h dim, fermé août ; M Sol, La Latina)

La Ideal ESPAGNOL €

8 PLAN P. 40, E7

Un bar espagnol très simple, où l'on sert le très populaire *bocadillo de calamares*, une tradition absolument incontournable à Madrid. En cas de fermeture (une chose rare), de nombreux autres bars sur la place en servent également. (91 365 72 78 ; Calle de Botoneras 4 ; bocadillos à partir de 2,90 € ; 9h-23h dim-jeu, jusqu'à minuit ven-sam ; M Sol)

Mercado de San Miguel TAPAS €

9 PLAN P. 40, D6

Un des plus vieux marchés… et aussi un des plus beaux avec son architecture du XXe siècle alliant fer et verre. L'espace est accueillant : des tables sont disposées çà et là ; et on commande des tapas ou de vrais plats aux différents stands. Le choix est vaste – du caviar au chocolat – et tout est appétissant. Un lieu animé et une des meilleures adresses de la ville. (91 542 49 36 ; www.mercadodesanmiguel.es ; Plaza de San Miguel ; tapas à partir de 1,50 € ; 10h-minuit dim-mer, 10h-2h jeu-sam ; M Sol)

Gourmet Experience ESPACE GASTRONOMIQUE €€

10 PLAN P. 40, E4

Prenez l'ascenseur jusqu'au 9e et dernier étage du grand magasin El Corte Inglés pour vivre une savoureuse expérience gustative au centre de Madrid. Tapas hors classe, sushis et burgers gourmands : ce que servent les nombreux comptoirs est excellent et la vue tout aussi fabuleuse. Cherchez une place donnant sur la Plaza del Callao et la Gran Vía. (www.elcorteingles.es ; 9e ét., Plaza del Callao 2 ; plats 8-20 € ; 10h-22h ; M Callao)

Un sandwich aux calamars

Spécialité madrilène peu connue, le *bocadillo de calamares* (petit sandwich dans un pain type baguette garni de calamars frits) est servi dans plusieurs bars, au sud-est de la Plaza Mayor ainsi que dans la Calle de los Botaneros. Essayez ceux de La Ideal. Pour à peu près 2,90 €, c'est parfait pour grignoter en chemin.

Spécialités locales

Outre le *cocido a la madrileña* (ragoût de viande et de pois chiches), la table typiquement madrilène de la Taberna La Bola sert d'autres spécialités locales comme les *callos* (tripes) et la *sopa castellana* (soupe à l'ail).

Taberna La Bola ESPAGNOL €€

11 PLAN P. 40, C4

Le succès de la Taberna La Bola ne faiblit pas depuis son ouverture en 1870. Tenue par la famille Verdasco depuis six générations, elle est aujourd'hui encore appréciée pour sa cuisine madrilène traditionnelle. C'est l'adresse idéale pour déguster un *cocido a la madrileña* dans une ambiance typique. (☎ 91 547 69 30 ; www.labola.es ; Calle de la Bola 5 ; plats 8-25 € ; ⏲ 13h30-16h30 et 20h30-23h lun-sam, 13h30-16h30 dim, fermé en août ; M Santo Domingo)

El Pato Mudo ESPAGNOL €€

12 PLAN P. 40, D4

Ce n'est pas l'adresse à paella la plus connue, mais les habitants du quartier y viennent pour les plats de riz, aussi bons qu'abordables. Parmi les spécialités : riz noir à l'encre de seiche, soupe de riz, *paella valenciana* et paella aux fruits de mer. Servies directement dans le poêlon pour 2 personnes ou plus, elles se marient bien aux vins locaux. (☎ 91 559 48 40 ; elpatomudo@hotmail.es ; Calle Costanilla de los Ángeles 8 ; plats 13-24 € ; ⏲ 13h-16h et 20h-23h30 mer-dim ; M Ópera)

Restaurante Sobrino de Botín CASTILLAN €€€

13 PLAN P. 40, D7

On n'a pas souvent l'occasion de s'attabler dans le plus ancien restaurant du monde (ouvert en 1725 d'après le *Guinness des Records*). Il doit son succès aux délicieux *cochinillo asado* (cochon de lait rôti) et *cordero asado* (agneau rôti, 25 €) au feu de bois. La cave voûtée constitue un cadre inoubliable pour dîner. (☎ 91 366 42 17 ; www.botin.es ; Calle de los Cuchilleros 17 ; plats 18-27 € ; ⏲ 13h-16h et 20h-minuit ; M La Latina, Sol)

Prendre un verre

Teatro Joy Eslava CLUB

14 PLAN P. 40, E5

Installée dans un beau théâtre du XIXe siècle, cette véritable institution ne désemplit pas et ne ferme jamais (elle aurait été ouverte tous les soirs depuis 1981). La musique et la clientèle sont éclectiques ; la file d'attente toujours longue est composée de Madrilènes, de touristes et parfois d'un ou deux *famosos* (célébrités). (Joy Madrid ; ☎ 91 366 37 33 ; www.joy-eslava.com ; Calle del Arenal 11 ; 12-15 € ; ⏲ 23h30-6h ; M Sol)

Repas et grignotages à l'espagnol...

Vous n'êtes pas encore habitué aux horaires des restaurants et entre deux repas votre ventre crie famine ? Vous allez trouver la solution à votre problème dans de nombreux établissements du centre... Si vous êtes près de la Plaza Mayor, vous pouvez vous offrir un sandwich aux calamars (voir l'encadré p. 44). Sinon, en dehors des heures de service des restaurants, essayez les adresses suivantes :

Mercado de San Miguel (p. 44). Tapas servies toute la journée.

Taquería Mi Ciudad (plan p. 40, D5 ; ☎ 608 621 096 ; www.taqueriamiciudad.com ; Calle de las Fuentes 11 ; tacos 1,50 € ; 🕑 11h-1h30 ; M Ópera). Tacos bon marché.

La Campana (plan p. 40, E7 ; ☎ 91 364 29 84 ; Calle de Botoneras 6 ; bocadillos à partir de 2,90 € ; 🕑 9h-23h dim-jeu, jusqu'à minuit ven-sam ; M Sol). Pour les fameux *bocadillos de calamares*.

La Ideal (p. 44). *Bocadillos de calamares*.

Viandas de Salamanca (plan p. 40, F4 ; ☎ 91 521 27 74 ; www.viandasdesalamanca.es ; Calle del Carmen 27 ; bocadillos 4 € ; 🕑 10h30-22h30 dim-jeu, jusqu'à 23h ven-sam ; M Callao, Sol). Sandwichs et tourtes au *jamón*.

Cervecería 100 Montaditos (plan p. 40, E6 ; www.spain.100montaditos.com ; Calle Mayor 22 ; montaditos 1-3 € ; 🕑 12h-minuit ; M Sol). Minuscules *bocadillos*.

Chocolatería de San Ginés

CAFÉ

15 PLAN P. 40, E6

Une véritable institution des nuits madrilènes. Si le spécialiste du *chocolate con churros* accueille quelques touristes durant la journée, c'est à la fermeture des discothèques que les habitants de la ville viennent s'y régaler, et cela jusqu'à l'aube. Madrid tout craché. (☎ 91 365 65 46 ; www.chocolateriasangines.com ; Pasadizo de San Ginés 5 ; 🕑 24h/24 ; M Sol)

Anticafé

CAFÉ

16 PLAN P. 40, C6

Ici, le kitsch et l'esprit bohème règnent, que ce soit dans la déco ou lors des nombreux événements culturels organisés (lectures de poésie, expositions, projections de film, concerts). L'Anticafé ne plaît peut-être pas à tout le monde, mais il apporte une diversité bienvenue parmi les bars du centre de Madrid. (www.anticafe.es ; Calle de la Unión 2 ; 🕑 17h-2h mar-dim ; M Ópera)

Café de Oriente

CAFÉ

17 PLAN P. 40, C5

La terrasse de ce café fait partie des lieux les plus chics du centre de Madrid, et pour cause : les tables sont installées directement sur la jolie Plaza de Oriente, avec le magnifique palais royal en toile de fond. Le bâtiment faisait autrefois partie d'un monastère du XVIIe siècle, disparu depuis longtemps. L'intérieur évoque un peu les cafés d'Europe centrale. (91 541 39 74 ; Plaza de Oriente 2 ; 8h30-1h30 lun-jeu, 9h-2h30 ven et sam, 9h-1h30 dim ; M Ópera)

Bodegas Ricla

BAR

18 PLAN P. 40, D7

L'espace est si petit que l'on a peur de se cogner les coudes en levant son verre ! Depuis plus d'un siècle, on y sert de savoureuses tapas ainsi que des millésimes de la région : vins rouges, blancs, rosés, cavas et vermouth. L'intérieur semble ne pas avoir changé depuis des décennies : fûts en terre cuite à l'ancienne et murs tapissés de photos de tauromachie. (91 365 20 69 ; Calle Cuchilleros 6 ; 13h-16h et 19h-minuit mer-sam et lun, 13h-16h dim ; M Tirso de Molina)

Café del Real

BAR

19 PLAN P. 40, D5

Une petite adresse à l'ambiance intime où l'on sert des cafés originaux et quelques cocktails (les mojitos sont excellents) sur un fond musical relaxant. C'est à l'étage que l'on est le mieux : les plafonds bas, les poutres et les fauteuils en cuir forment un décor parfait pour un après-midi entre amis. (91 547 21 24 ; Plaza de Isabel II 2 ; 8h-1h lun-jeu, 8h-2h30 ven, 9h-2h30 sam, 10h-23h30 dim ; M Ópera)

Sortir

Café de Chinitas

FLAMENCO

20 PLAN P. 40, C3

Ce *tablao* (salle de flamenco) très en vue, qui a séduit aussi bien la famille royale espagnole que Bill Clinton, accueille dans un cadre élégant des danseurs de haut niveau. S'il attire beaucoup de touristes, les *aficionados* en disent aussi beaucoup de bien. Réservation fortement conseillée. (91 547 15 02 ; www.chinitas.com ; Calle de Torija 7 ; avec boisson/repas 36/55 € ; spectacles 20h15 et 22h30 lun-sam ; M Santo Domingo)

Las Tablas

FLAMENCO

21 PLAN P. 40, B2

Las Tablas est réputé pour son flamenco de qualité et ses prix raisonnables, c'est sans doute une des meilleures adresses de la ville. Un spectacle (chant et danse) est programmé presque chaque soir. Antonia Moya et Marisol Navarro, stars du flamenco, s'y produisent régulièrement. (91 542 05 20 ; www.lastablasmadrid.com ; Plaza de España 9 ; entrée avec boisson à partir de 29 € ; spectacles 20h et 22h ; M Plaza de España)

Café Berlín

JAZZ

22 PLAN P. 40, D4

Le Berlín est un pilier du jazz à Madrid depuis les années 1950. Un dépoussiérage y a toutefois introduit flamenco (jam-session spéciale le mercredi), R&B, soul, funk et fusion. Vérifiez l'heure de passage des têtes d'affiche sur le site Web (généralement 23h, mais parfois avancée à 21h). (91 559 74 29 ; www.berlincafe.es ; Costanilla de los Ángeles 20 ; 5-20 € ; 21h-3h mar-jeu, jusqu'à 5h ven-sam ; M Santo Domingo)

La Coquette Blues

MUSIQUE LIVE

23 PLAN P. 40, E5

Le meilleur bar de Madrid pour le blues existe depuis les années 1980, et sa jam-session du dimanche (20h) est légendaire. Des groupes s'y produisent du mardi au jeudi à 22h30. L'ambiance y est très sympathique en permanence. (91 530 80 95 ; Calle de las Hileras 14 ; 20h-3h mar-jeu, jusqu'à 3h30 ven-sam, 19h-3h dim ; M Ópera)

Shopping

Antigua Casa Talavera

CÉRAMIQUES

24 PLAN P. 40, D3

Derrière l'extraordinaire façade carrelée de cette superbe boutique ancienne se cache une véritable caverne d'Ali Baba. Ici, pas de production massive pour touristes mais des céramiques espagnoles réalisées par des potiers andalous ou de Tolède. On y trouve aussi bien des objets décoratifs (carreaux de faïence) que des articles de cuisine (assiettes, cruches et autres ustensiles). Le vieux couple qui tient la boutique est charmant. (91 547 34 17 ; www.antiguacasatalavera.com ; Calle de Isabel la Católica 2 ; 10h-13h30 et 17h-20h lun-ven, 10h-13h30 sam ; M Santo Domingo)

Casa Hernanz

CHAUSSURES

25 PLAN P. 40, D7

L'été, les Espagnols – y compris le roi – ont l'habitude de chausser de confortables *alpargatas* (espadrilles). Vous pourrez en acheter une paire dans ce modeste atelier, qui fabrique à la main ses espadrilles (6-40 €) depuis cinq générations. Il est même possible de les faire faire sur-mesure. Dès que les beaux jours arrivent, les clients se bousculent au portillon. (91 366 54 50 ; www.alpargateriahernanz.com ; Calle de Toledo 18 ; 9h-13h30 et 16h30-20h lun-ven, 10h-14h sam ; M La Latina, Sol)

El Arco Artesanía

ART ET ARTISANAT

26 PLAN P. 40, D7

Cette boutique originale au sud-ouest de la Plaza Mayor vend toutes sortes de beaux souvenirs artisanaux : du design, des pièces en pierre, en céramique et en verre, des bijoux ou encore des accessoires pour la maison. Les figurines en papier mâché sont mignonnes, mais bien

LUCAS VALLECILLOS / ALAMY STOCK PHOTO ©

La terrasse de la Chocolatería de San Ginés (p. 46)

d'autres choses vous plairont certainement. Attention, la boutique ferme parfois plus tôt en hiver. (91 365 26 80 ; www.artesaniaelarco.com ; Plaza Mayor 9 ; 11h-22h ; M Sol, La Latina)

El Flamenco Vive

FLAMENCO

27 PLAN P. 40, C6

Ce temple du flamenco vend de tout : des guitares, des partitions, des livres spécialisés, des CD bon marché, des robes à pois, de chaussures ou encore des bijoux en plastique colorés. L'endroit attire aussi bien les curieux que les vrais *aficionados*. Cours de guitare flamenco. (91 547 39 17 ; www.elflamencovive.es ; Calle Conde de Lemos 7 ; 10h-14h et 17h-20h30 lun-ven, 10h-14h sam ; M Ópera)

Maty

FLAMENCO

28 PLAN P. 40, E5

En se promenant dans le centre de Madrid, on se rend vite compte que la plupart des robes de flamenco sont en fait des imitations destinées aux touristes. Heureusement, il reste des boutiques comme Maty. Ici, robes, chaussures et accessoires sont proposés en taille adulte et enfant. Les articles sont authentiques et les prix s'en ressentent, mais ils font d'excellents souvenirs. (91 531 32 91 ; maty.es ; Calle del Maestro Victoria 2 ; 10h-13h45 et 16h30-20h lun-ven, 10h-14h et 16h30-20h sam, 11h-14h30 et 16h30-20h 1er dim du mois ; M Sol)

Explorer La Latina et Lavapiés

Les ruelles de La Latina, un des quartiers du Vieux Madrid, abritent de magnifiques églises, de nombreux bars à tapas excellents et de jolies petites boutiques. La charmante Calle de la Cava Baja est même une des meilleures adresses de Madrid pour les tapas. En bas de la colline, le très multiculturel Lavapiés est un des plus anciens quartiers de la ville. Le dimanche, le marché aux puces d'El Rastro s'étend sur les deux quartiers.

Proche de la Plaza Mayor et du centre, La Latina est un quartier facilement accessible. Envie de profiter d'une chaude après-midi pour savourer un mojito ? Rejoignez la Plaza de la Paja. Vous préférez comprendre pourquoi touristes et Madrilènes aiment tant faire la tournée des bars à tapas ? Prenez la direction de la Calle de la Cava Baja, très animée. Le dimanche, jour du Rastro, venez tôt à l'heure du déjeuner, car il y a foule.

Il y a peu de sites à visiter dans le quartier de Lavapiés, mais il est très agréable de s'y promener l'après-midi ou le soir et de découvrir ainsi le Madrid multiculturel.

Comment y aller

M On peut venir à pied depuis la Plaza Mayor (une balade facile et agréable). La station de métro La Latina (ligne 5) est aussi bien placée pour les bars à tapas de La Latina que pour les puces du dimanche d'El Rastro. La station Tirso de Molina (ligne 1) est également pratique. Si vous ne visitez que Lavapiés ou si grimper jusqu'à La Latina ne vous intimide pas, optez pour la station Lavapiés (ligne 3).

Plan de La Latina et de Lavapiés p. 54

Le centre culturel Matadero Madrid (p. 57) CRIBE/SHUTTERSTOCK ©

Promenade à pied

Un dimanche au Rastro

Arpenter El Rastro le dimanche est une véritable institution dans la capitale. Considéré comme le plus grand marché aux puces d'Europe, El Rastro est aussi le prélude à un après-midi sous le signe de la dégustation avec, au menu, vermouth et tapas dans les bars de La Latina. Joignez-vous à la foule des habitants et vous serez considéré comme un Madrilène à part entière.

La promenade

Départ El Rastro ; Ⓜ La Latina

Arrivée Delic ; Ⓜ La Latina

Distance 2 km

Durée 2-3 heures

❶ El Rastro

On peut facilement passer tout le dimanche matin à se frayer un chemin dans la rue qui accueille **El Rastro** (Calle de la Ribera de los Curtidores ; ⏲8h-15h dim). Vêtements bon marché, vieux disques de flamenco, photos anciennes de Madrid, imitations de sacs de marque, T-shirts grunge, bijoux artisanaux et articles ménagers abondent. On trouve parfois de véritables trésors dans tout ce bric-à-brac.

❷ L'heure du vermouth

Dimanche, 13h, dans un bar bondé de la Calle de la Cava Baja : c'est *la hora del vermut* ("l'heure du vermouth"). Se réunir en famille ou entre amis autour d'un apéritif après El Rastro est une tradition profondément ancrée dans la culture madrilène. Les bars sont nombreux dans la Calle de la Cava Baja et ses alentours.

❸ Txirimiri

Si chacun a son endroit préféré pour un *pintxo de tortilla* (*tapas* de *tortilla de patatas,* l'omelette aux pommes de terre typiquement espagnole), les critiques gastronomiques et les palais fins sont toujours plus nombreux au bar basque Txirimiri (p. 57).

❹ Almendro 13

Almendro 13 (p. 57) est une adresse très populaire où l'on sert des tapas espagnoles traditionnelles. Ici, la qualité l'emporte sur la présentation. Charcuterie, fromage et omelettes dominent la carte. Les *huevos rotos* (littéralement "œufs cassés") servis avec du *jamón* (jambon) et de fines rondelles de pommes de terre sont un délice.

❺ Casa Lucas

La **Casa Lucas** (☎91 365 08 04 ; www.casalucas.es ; Calle de la Cava Baja 30 ; tapas/raciones à partir de 5/12 € ; ⏲13h-15h30 et 20h-minuit jeu-mar, 13h-15h30 mer) s'inspire des tapas traditionnelles espagnoles tout en cherchant la créativité. Vaste choix de tapas et de *raciones* (portions plus grandes) chaudes et froides. La carte change régulièrement, au fil des idées du chef ; la carte des vins est soignée.

❻ Plaza de San Andrés

Quand une bonne partie des promeneurs quittent le quartier pour rentrer à la maison ou aller se balader dans le Parque del Buen Retiro, les autres se retrouvent Plaza de San Andrés. Au coucher du soleil, la lumière s'adoucit, les percussions commencent à retentir et la foule se met à danser.

❼ Delic

Il y aurait beaucoup à dire sur le Delic (p. 60), un café-bar qui existe depuis très longtemps. Mais voilà l'essentiel : les mojitos (8 €) sont exceptionnels et, lors d'une chaude soirée d'été en terrasse sur l'une des plus belles places de Madrid, on atteint le pur bonheur !

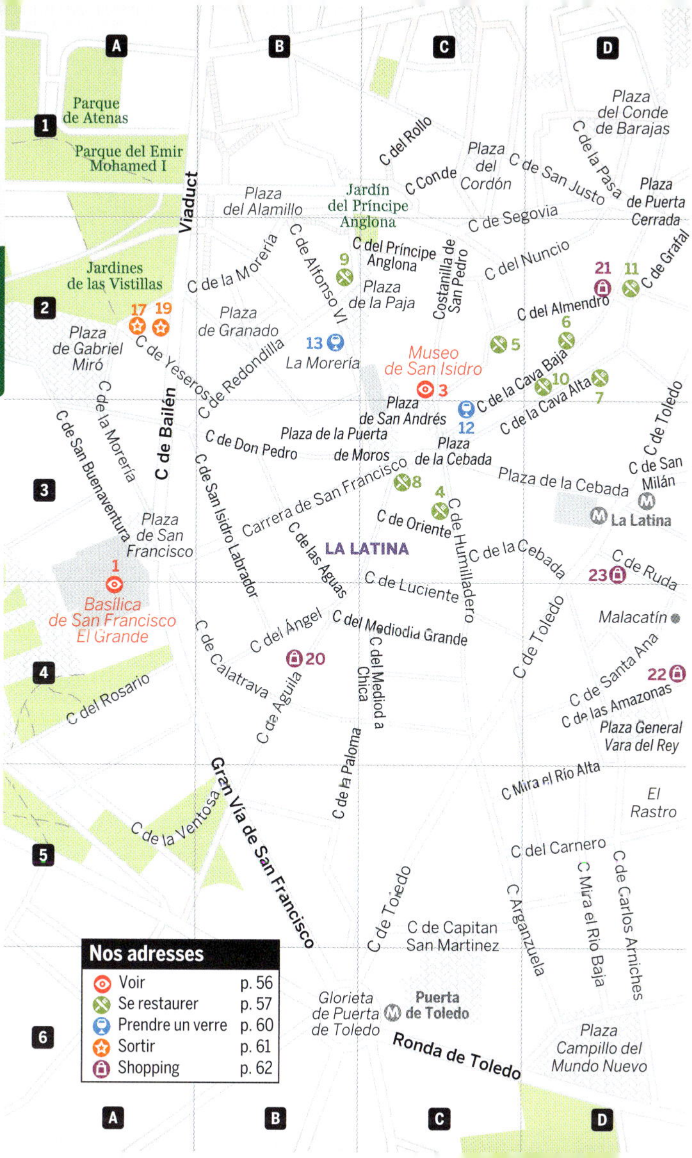
A
B
C
D
1
2
3
4
5
6
Parque de Atenas
Parque del Emir Mohamed I
Viaduct
Jardines de las Vistillas
Plaza de Gabriel Miró
17
19
C de Yeseros
C de Bailén
C de la Morería
C de San Buenaventura
Plaza de San Francisco
1
Basílica de San Francisco El Grande
C del Rosario
C de la Ventosa
Gran Vía de San Francisco
Plaza del Alamillo
C de la Morería
Plaza de Granado
C de Redondilla
C de Alfonso VI
13
La Morería
C de Don Pedro
C de San Isidro Labrador
Carrera de San Francisco
C de las Aguas
C de Calatrava
C del Ángel
20
C de Aguila
C de la Paloma
Jardín del Príncipe Anglona
C del Rollo
C Conde
C del Príncipe Anglona
9
Plaza de la Paja
Costanilla de San Pedro
Museo de San Isidro
3
Plaza de San Andrés
Plaza de la Puerta de Moros
Plaza de la Cebada
8
4
C de Oriente
LA LATINA
C de Humilladero
C de Luciente
C del Mediodia Grande
C del Mediod a Chica
C de Toledo
C de Capitan San Martinez
Glorieta de Puerta de Toledo
Puerta de Toledo
Ronda de Toledo
Plaza del Cordón
C de San Justo
C de Segovia
C del Nuncio
Plaza del Conde de Barajas
C de la Pasa
Plaza de Puerta Cerrada
C de Grafal
21
11
C del Almendro
6
5
C de la Cava Baja
10
C de la Cava Alta
7
12
Plaza de la Cebada
C de Toledo
C de San Milán
La Latina
C de la Cebada
C de Ruda
23
Malacatín
C de Toledo
C de Santa Ana
22
C de las Amazonas
Plaza General Vara del Rey
C Mira el Río Alta
El Rastro
C del Carnero
C Arganzuela
C Mira el Río Baja
C de Carlos Arniches
Plaza Campillo del Mundo Nuevo
Nos adresses
Voir p. 56
Se restaurer p. 57
Prendre un verre p. 60
Sortir p. 61
Shopping p. 62

E
F
G
H
0
200 m
1
2
3
4
5
6
C de Atocha
Plaza de Jacinto Benavente
C Salvador
C de las Huertas
C de la Concepción Jerónima
Plaza de Segovia Nueva
C del Conde de Romanones
C del Doctor Cortezo
C de los Relatores
C de Luiz Vélez de Guevera
16
C de Cañizares
2 Basílica de Nuestra Señora del Buen Consejo
C de la Colegiada
Tirso de Molina
Plaza Tirso de Molina
Tirso de Molina
C de la Magdalena
C de los Estudios
C del Duque de Alba
C de la Espada
C de la Cabeza
C de la Cabeza
C del Olmo
C del Ave María
C del Calvario
C de Juanelo
C de Jesús y María
C de Ministriles
Plaza de Cascorro
15
C de la Encomienda
C de las dos Hermanas
C de San Carlos
C de Abades
C del Olivar
C del Ave María
C de Primavera
Bar Santurce
C de San Cayetano
C del Oso
LAVAPIÉS
C de Lavapiés
C de Cabesteros
C de Mesón de Paredes
C del Amparo
EL RASTRO
C de Fray Ceferino González
C de los Embajadores
Plaza de Lavapiés
C de Argumosa
Lavapiés
C de Rodas
C del Sombrete
14
C de la Ribera de los Curtidores
C de la Huerta del Bayo
C de Tribulete
C de Valencia
C de Ventorritto
C de Santiago Verde
C Mira el Sol
C de Espino
C Provisiones
C de Miguel Servet
C del Casino
Matadero Madrid
18

Voir

Basílica de San Francisco El Grande ÉGLISE

1 PLAN P. 54, A4

Cette imposante basilique baroque est une des plus belles églises de Madrid. Le dôme, tapissé de magnifiques fresques, serait le plus grand du pays et le quatrième du monde : il fait pas moins de 56 m de haut et ses 33 m de diamètre. (Plaza de San Francisco 1 ; tarif plein/réduit 5/3 € ; messe 8h-10h30 lun-sam, musée 10h30-12h30 et 16h-18h mar-dim sept-juin, 10h30-12h30 et 17h-19h mar-dim juil-août ; M La Latina, Puerta de Toledo)

San Francisco El Grande : à savoir

Sont à voir : la Capilla de San Bernardino (dont la fresque centrale est une œuvre de jeunesse de Goya), de style néoplateresque ; le musée où sont conservées des toiles de Francisco de Zurbarán, ainsi que du beau-père et maître de Vélasquez, Francisco Pacheco ; et la *sillería* (ensemble de stalles en noyer) Renaissance dans la sacristie.

L'entrée à la basilique est gratuite durant la messe matinale, mais le musée n'est alors pas accessible et les chapelles (donc le tableau de Goya) ne sont pas éclairées.

Basílica de Nuestra Señora del Buen Consejo ÉGLISE

2 PLAN P. 54, E2

Visible à travers les arches de la Plaza Mayor, cette austère basilique de style baroque, bâtie au XVIIe siècle, fut la cathédrale de Madrid jusqu'à l'achèvement de la Catedral de Nuestra Señora de la Almudena (p. 43) en 1992. Les habitants de la ville continuent d'ailleurs à l'appeler Catedral de San Isidro. L'imposant bâtiment fut à l'origine construit par les Jésuites. (Catedral de San Isidro ; 91 369 20 37 ; Calle de Toledo 37 ; 7h30-13h et 18h-21h ; M Tirso de Molina, La Latina)

Museo de San Isidro MUSÉE

3 PLAN P. 54, C2

Cet accueillant musée est situé sur le site où saint Isidore le Laboureur (San Isidro Labrador), saint patron de Madrid, finit ses jours vers 1172. On peut notamment y voir une grande maquette d'après le fameux plan de Madrid réalisé en 1656 par Pedro Teixeira, ainsi que le "puits miraculeux" dans lequel le saint fit monter l'eau pour étancher la soif de son maître – il n'y a en fait pas grand-chose à voir... Le saint sauva également son fils tombé au fond du puits en priant pour que l'eau remonte et soulève l'enfant jusqu'à la surface. (Museo de los Orígenes ; 91 366 74 15 ; www.madrid.es ; Plaza de San Andrés 2 ; gratuit ; 10h-19h mar-dim mi-juin à mi-sept, 9h30-20h mar-dim le reste de l'année ; M La Latina)

Matadero Madrid

Situé au sud du centre de Madrid, ce centre culturel occupe les 148 300 m² de l'ancien marché de bétail et des abattoirs d'Arganzuela. Cet étonnant espace accueille désormais pièces de théâtre, concerts et spectacles de danse de haut niveau, ainsi que des expositions sur l'architecture, la mode, la littérature ou encore le cinéma. Sa proximité avec les berges aménagées du Manzanares en fait en outre un excellent endroit pour admirer Madrid en évitant les touristes. Sans oublier qu'il s'agit aussi d'une occasion en or pour voir les expositions, pièces de théâtre ou créations d'artistes contemporains. (plan p. 54, G6 ; ☎91 252 52 53 ; www.mataderomadrid.com ; Paseo de la Chopera 14 ; gratuit ; Ⓜ Legazpi)

Se restaurer

Txirimiri

TAPAS €

4 PLAN P. 54, C3

Un peu à l'écart des autres bars à tapas du quartier, ce bar à *pintxos* (tapas basques) est une trouvaille. Les merveilleux vins, les délicieux *pintxos* (notamment la *tortilla de patatas*, omelette de pommes de terre aux oignons) et les excellents risottos ajoutent au charme unique de l'endroit. (☎91 364 11 96 ; www.txirimiri.es ; Calle del Humilladero 6 ; tapas à partir de 3 € ; 12h-16h30 et 20h30-minuit ; Ⓜ La Latina)

Almendro 13

TAPAS €

5 PLAN P. 54, C2

On vient dans cette charmante *taberna* (taverne) pour les tapas traditionnelles, d'excellente qualité et sans chichis. Charcuterie, fromages et omelettes dominent la carte. Choisissez entre *raciones* (portions entières) et demi-portions, sachant qu'une *ración* entière des excellents *huevos rotos* (littéralement "œufs cassés"), servis avec *jamón* (jambon) et fines tranches de pommes de terre, constitue un repas complet. Seul problème : il faut la patience d'un saint pour obtenir une table... En attendant, commandez une *manzanilla* (xérès sec) et profitez de l'ambiance. (☎91 365 42 52 ; www.almendro13.com ; Calle del Almendro 13 ; plats 7-15 € ; 13h-16h et 19h30-minuit dim-jeu, 13h-17h et 20h-1h ven-sam ; Ⓜ La Latina)

Taberna Txakolina

TAPAS €

6 PLAN P. 54, D2

La Taberna Txakolina qualifie ses *pintxos* de "haute cuisine miniature". Si commander des tapas vous rend nerveux, réjouissez-vous : ici, elles sont alignées dans toute leur splendeur sur le bar, comme au Pays basque, et vous n'avez qu'à montrer votre

Le "cocido" selon Malacatín

Si votre estomac n'est pas de taille pour un plat entier de *cocido a la madrileña* (ragoût de viande et pois chiches) ou si vous désirez juste goûter ce plat typique, rendez-vous au **Malacatín** (plan p. 54, D4 ; 91 365 52 41 ; www.malacatin.com ; Calle de Ruda 5 ; plats 11-15 € ; 11h-17h30 lun-mer et sam, 11h-17h30 et 20h15-23h jeu-ven, fermé août ; M La Latina) où la *degustación de cocido* (5 €) au bar est un bon moyen d'essayer le plat préféré des Madrilènes... Même si ces derniers vous diront que c'est un peu comme fumer sans avaler la fumée !

choix du doigt. Accompagnez-le d'un *txacoli*, un vin blanc basque pétillant. (91 366 48 77 ; www.tabernatxacoli.com ; Calle de la Cava Baja 26 ; tapas à partir de 4 € ; 20h-minuit mar, 13h-16h et 20h-minuit mer-sam, 13h-16h dim ; M La Latina)

Taberna Matritum

NOUVELLE CUISINE **€€**

7 PLAN P. 54, D2

Délaissez le temps d'un repas la populaire Calle de la Cava Baja pour ce menu de saison proposant des tapas raffinées, des salades et des plats innovants. Goûtez la saucisse catalane et la tourte aux crevettes, ou les *calçots* (gros oignons nouveaux), de Catalogne également. Carte des vins raffinée sans être prétentieuse, avec des tarifs souvent à 3 chiffres. (91 365 82 37 ; www.tabernamatritum.es ; Calle de la Cava Alta 17 ; plats 13-19,50 € ; 13h30-16h et 20h30-minuit mer-dim, 20h30-minuit lun-mar ; M La Latina)

Juana La Loca

TAPAS **€€**

8 PLAN P. 54, C3

Cet établissement propose des tapas créatives sur d'appétissantes assiettes posées simplement sur le bar, ainsi que des plats à la carte, préparés sur commande. Tout est délicieux ici, surtout la merveilleuse *tortilla de patatas* que les oignons caramélisés rendent si particulière... (91 366 55 00 ; www.juanalalocamadrid.com ; Plaza de la Puerta de Moros 4 ; tapas à partir de 4 €, plats 10-24 € ; 13h30-17h30 mar-dim, 19h-minuit sam-mer, jusqu'à 1h jeu-ven ; M La Latina)

El Estragón

VÉGÉTARIEN **€€**

9 PLAN P. 54, B2

Une charmante adresse pour une crêpe, un burger végé ou d'autres spécialités sans viande. El Estragón est sans aucun doute l'un des meilleurs restaurants végétariens de Madrid, même si les végans attentifs n'apprécieront pas l'emploi de beurre. C'est cependant la seule critique négative que l'on puisse faire à ce restaurant. (91 365 89 82 ; www.elestragonvegetariano.com ; Plaza de la Paja 10 ; plats 8-15 € ; 13h-1h ; ; M La Latina)

Casa Lucio

ESPAGNOL **€€€**

10 PLAN P. 54, D2

La Casa Lucio, une véritable institution, épate les *madrileños* depuis 1974 avec des ingrédients de qualité qui composent une excellente cuisine locale. Les œufs sont une spécialité ; le choix de viandes rôties est large. Lors des

Les tapas, qu'est-ce que c'est ?

Pour beaucoup, les tapas sont ce que l'Espagne a offert de plus beau aux tables du monde... Si les adeptes de la paella ont certes des arguments à revendre, l'infinie variété des tapas l'emporte !

Tout peut être servi sous forme de tapas, de la poignée d'olives à la tranche de *jamón* sur du pain en passant par la baveuse *tortilla de patatas* (omelette aux pommes de terre). Pour les chefs espagnols, ces petites entrées constituent un immense terrain de jeu pour exprimer leur créativité. Elles sont à la fois un moyen d'exprimer leur fidélité aux saveurs traditionnelles espagnoles tout en explorant de nouvelles directions. Parce qu'elles tirent parti de petits "riens", les tapas rappellent le Madrid pauvre des siècles passés. Elles permettent aux chefs de réinventer même les grands classiques espagnols et sont devenues la marque de fabrique culinaire d'un pays confiant, en marche vers l'avenir.

Mode d'emploi

Pour les néophytes, commander des tapas revient à tenter de pénétrer les secrets du savoir-vivre espagnol. En fait, dans la plupart des bars madrilènes, rien n'est plus simple. Il suffit de prendre une petite assiette et de se servir parmi les diverses tapas alignées sur le bar ou bien de désigner du doigt ce que l'on souhaite. Attention, il faut généralement se souvenir de ce que l'on a mangé (en conservant les cure-dents par exemple) et le dire au serveur au moment de payer l'addition.

Dans certains établissements, il y a une carte des tapas ou une liste affichée derrière le bar. Si vous n'arrivez pas à choisir, vous ne vous tromperez pas en demandant la "*especialidad de la casa*" (la spécialité de la maison). Si vous aimez particulièrement quelque chose et souhaitez plus que de simples *tapas*, vous pouvez également commander en *raciones* (littéralement "rations" ; grosses portions de tapas) ou *media raciones* (demi-rations ; portions plus petites). Gardez en tête qu'après deux *raciones*, la plupart des gens sont rassasiés, ou presque.

Sardines et marché aux puces

Un des rituels à Madrid est d'aller déguster des *sardinas a la plancha* (sardines grillées) au **Bar Santurce** (plan p. 54, E4 ; 646 238303 ; www.barsanturce.com ; Plaza General Vara del Rey 14 ; bocadillos/raciones à partir de 2,50/4,50 € ; 12h-16h mar et mer, 12h-16h et 19h30-22h30 jeu-sam, 9h-16h dim ; M La Latina) après s'être baladé au Rastro. Il est parfois difficile d'accéder au bar ! Juste à côté, la petite boutique Aceitunas Jiménez est aussi très fréquentée ; on y vend des olives, ainsi que des légumes au vinaigre – notamment des aubergines et de l'ail – servis dans des gobelets en plastique.

Fiestas de San Isidro Labrador, on sert du *rabo de toro* (queue de taureau) copieusement arrosé de *rioja* (vin rouge). (91 365 32 52, 91 365 82 17 ; www.casalucio.es ; Calle de la Cava Baja 35 ; plats 18-29 € ; 13h 16h et 20h30 minuit, fermé en août ; M La Latina)

Posada de la Villa ESPAGNOL €€€

11 PLAN P. 54, D2

Cette auberge du XVIIe siècle, magnifiquement restaurée, est une véritable institution. La décoration traditionnelle (bois massif et briques) est dépouillée et la cuisine résolument locale : viandes rôties, *cocido* (il faut généralement le commander à l'avance), *callos* (tripes) et *sopa de ajo* (soupe à l'ail). (91 366 18 80 ; www.posadadelavilla.com ; Calle de la Cava Baja 9 ; plats 21-32,50 € ; 13h-16h et 20h-minuit lun-sam, 13h-16h dim, fermé en août ; M La Latina)

Prendre un verre

Taberna El Tempranillo BAR À VIN

12 PLAN P. 54, C3

Si les tapas sont bonnes, ce sont surtout pour les vins que l'on vient ici. Beaucoup sont vendus au verre et le choix est tel que nombre de bars espagnols font pâle figure à côté. L'établissement ferme assez tôt, mais il est bondé en début de soirée, ainsi que le dimanche après-midi après El Rastro. (91 364 15 32 ; Calle de la Cava Baja 38 ; 13h-16h lun, 13h-16h et 20h-minuit mar-dim ; M La Latina)

Delic BAR

13 PLAN P. 54, B2

Une des meilleures adresses de la ville, connue depuis longtemps pour ses excellents mojitos (8 €) et sa terrasse où il fait bon prendre un verre durant les chaudes soirées d'été... (91 364 54 50 ; www.delic.es ; Costanilla de San Andrés 14 ; 11h-2h dim et mar-jeu, jusqu'à 2h30 ven-sam ; M La Latina)

El Eucalipto COCKTAILS

14 PLAN P. 54, H5

De la musique à la clientèle en passant par les cocktails caribéens (avec ou sans alcool), ce ravissant petit bar est totalement dédié à la culture cubaine. C'est un endroit séduisant et décontracté où, naturellement, les mojitos sont un cran au-dessus de la moyenne, mais les jus de fruits et les daiquiris ont aussi de fervents adeptes. (91 527 27 63 ; www.facebook.com/eeucalipto ; Calle de Argumosa 4 ; 17h-2h dim-jeu, jusqu'à 3h ven-sam ; M Lavapiés)

Bocónó Specialty Coffee CAFÉ

15 PLAN P. 54, E3

Ici, tout est dans les détails : grains torréfiés sur place et, pour les connaisseurs, choix entre les cafetières AeroPress et Chemex. Le café est pesé avant préparation, et l'eau dosée au millilitre près. Décor minimaliste en bois recyclé et en brique brute. Le service est agréable et il y a le Wi-Fi. (91 040 20 19 ; www.bocono.es ; Calle de los Embajadores 3 ; café 1,60-3 € ; 8h30-20h30 lun-jeu, jusqu'à 21h ven-sam, 9h30-20h30 dim ; ; M La Latina)

Sortir

Casa Patas FLAMENCO

16 PLAN P. 54, H2

Ce *tablao* (salle où a lieu des spectacles de flamenco chanté et dansé) fait partie des meilleures scènes flamenco à Madrid. Certes, ce n'est pas l'adresse la plus conviviale de la ville, surtout si l'on y va seulement pour le

La façade du Delic

flamenco, et on peut s'y sentir un peu à l'étroit. Mais les spectacles sont de très grande qualité, ce qui en fait un lieu parfait pour s'initier au flamenco. (91 369 04 96 ; www.casapatas.com ; Calle de Cañizares 10 ; entrée avec boisson 38 € ; spectacles 22h30 lun-jeu, 20h et 22h30 ven et sam ; M Antón Martín, Tirso de Molina)

Corral de la Morería FLAMENCO

17 PLAN P. 54, A2

Un des lieux les plus prestigieux pour le flamenco à Madrid depuis cinquante ans. Des artistes d'exception s'y produisent presque chaque soir. La décoration est un peu rustique et les tables sont tassées près de la scène. Formules à partir de 45 € (en plus du prix d'entrée). (91 365 84 46 ; www.corraldelamoreria.com ; Calle de la Morería 17 ; entrée avec boisson à partir de 45 € ; 19h-00h15, spectacles 20h30 et 22h20 ; M Ópera)

Café Ziryab FLAMENCO

18 PLAN P. 54, E6

Bien qu'un peu excentré, le Café Ziryab vaut le détour pour de beaux spectacles de flamenco à prix raisonnable, qui attirent autant les habitants que les touristes. Si vous êtes tenté, vous pouvez vous joindre à la *peña flamenca*, la jam-session du vendredi (23h). Lorsque la mayonnaise prend, ces soirées donnent un flamenco improvisé authentique et poignant comme jamais. (91 219 29 02 ; www.cafeziryab.com ; Paseo de la Esperanza 17 ; adulte/enfant 22/8 € ; spectacles 21h30 mer-lun ; M Acacias)

ContraClub MUSIQUE LIVE

19 PLAN P. 54, A2

Le ContraClub est à la fois une discothèque et une salle de concerts à la programmation éclectique (pop, rock, indé, blues...). Après les représentations (à partir de 22h), les DJ résidents proposent des rythmes tout aussi variés (indé, pop, funk et soul). (91 365 55 45 ; www.contraclub.es ; Calle de Bailén 16 ; 3-15 € ; 22h-6h mer-sam ; M La Latina)

Shopping

Botería Julio Rodríguez ARTISANAT

20 PLAN P. 54, B4

L'un des derniers fabricants à Madrid d'outres à vin traditionnelles, la Botería Julio Rodríguez est une fenêtre ouverte sur un monde qui aura bientôt disparu. Les outres sont une belle idée de cadeau et sont d'une qualité évidemment incomparable à celle des articles bon marché vendus dans les boutiques de souvenirs du centre-ville. (91 365 66 29 ; www.boteriajuliorodriguez.es ; Calle del Águila 12 ; 9h30-14h et 16h30-20h lun-ven, 10h-13h30 sam ; M La Latina)

Helena Rohner BIJOUX

21 PLAN P. 54, D2

La joaillière ultracréative Helena Rohner possède une boutique spacieuse dans le quartier de La Latina. Ses pièces inventives

MARK READ/LONELY PLANET ©

Spectacle de flamenco au Corral de la Morería

en argent, pierre, porcelaine, bois et verre de Murano apparaissent régulièrement dans les défilés de mode parisiens. Pour reprendre ses propres termes, elle cherche à recréer "la magie de Florence, la vitalité de Londres et la luminosité de Madrid". (91 365 79 06 ; www.helenarohner.com.es ; Calle del Almendro 4 ; 9h-20h30 lun-ven, 12h-14h30 et 15h30-20h sam, 12h-15h dim ; M La Latina, Tirso de Molina)

Aceitunas Jiménez ÉPICERIE

22 PLAN P. 54, D4

Le passage obligé lors d'une promenade dominicale entre les étals du Rastro... Cette petite épicerie propose dans des ramequins en plastique des olives en tous genres, mais aussi aubergines, ail et tout ce que l'on a pu décider de faire mariner dans un bain d'huile et/ou de vinaigre. (91 365 46 23 ; Plaza del General Vara del Rey 14 ; 10h30-14h30 et 15h30-20h lun-jeu, 10h30-14h30 ven-sam, 10h30-15h dim ; M La Latina)

De Piedra BIJOUX

23 PLAN P. 54, D3

Cet adorable showroom est rempli de colliers, boucles d'oreilles, bracelets et objets de décoration pour la maison conçus par une équipe de designers locaux. Argent et pierres semi-précieuses sont à l'honneur. (91 365 96 20 ; www.depiedracreaciones.com ; Calle de la Ruda 19 ; 11h-14h et 17h-20h30 lun-sam, 12h-15h dim ; M La Latina)

Promenade à pied

Déambulation architecturale

Madrid ne compte peut-être aucun monument mondialement connu comme le Colisée ou la tour Eiffel, et pourtant, son architecture mérite vraiment le détour. Du cœur de la vieille ville aux bâtiments remarquables de l'architecture espagnole des XIXe et XXe siècles, cette promenade permet de découvrir la capitale dans toute sa splendeur.

La promenade :

Départ Plaza de la Villa ; M Ópera

Arrivée Antigua Estación de Atocha ; M Atocha Renfe

Distance 5 km

Durée 2-3 heures

❶ Plaza de la Villa

Cette petite place (p. 42) est entourée de très beaux bâtiments datant du XVIIe siècle. Remarquez les façades en brique et les flèches en ardoise caractéristiques du style baroque madrilène (*barroco madrileño*).

❷ Plaza de España

Cette place est dominée à l'est par l'Edificio de España, qui rappelle le totalitarisme des années Franco ainsi que le monumentalisme austère de l'époque soviétique. Au nord, la Torre de Madrid, haute de 35 étages, est un autre point de repère dans le paysage madrilène.

❸ Gran Vía

L'emblématique Gran Vía est jalonnée d'imposantes façades Belle Époque. Impossible de manquer l'immeuble Carrión, premier hôtel-résidence installé dans une tour à Madrid ; le bâtiment élancé de la Telefónica, construit dans les années 1920 et d'où des tirs partirent pendant la guerre civile ; et l'Edificio Metrópolis (p. 72) conçu en 1905 par des architectes français.

❹ Plaza de Cibeles

Le plus beau rond-point de Madrid rend hommage à l'architecture du début du XXe siècle. Il est dominé par d'imposants édifices : le Palacio de Comunicaciones (1917), le Palacio de Linares, le Palacio Buenavista et le bâtiment de la Banco de España (1891).

❺ Musée du Prado

Le bâtiment qui abrite le célèbre musée (p. 86) est lui-même un chef-d'œuvre de l'architecture. Son aile ouest a été dessinée par Juan de Villanueva, une figure majeure de l'Espagne du XVIIIe siècle et un des principaux architectes de la capitale (notamment de la Plaza Mayor).

❻ Caixa Forum

Située le long du Paseo del Prado, la Caixa Forum (p. 103) est sans doute l'édifice contemporain le plus original de la capitale, avec son "jardin vertical", son absence apparente de piliers et sa surprenante toiture en acier.

❼ Antigua Estación de Atocha

En 1992, l'aile nord-ouest de la gare d'Atocha a fait l'objet d'une superbe rénovation. La magnifique structure du XIXe siècle en fer et en verre a été conservée et un jardin tropical intérieur baigné de lumière a été créé. Le résultat est un espace visuellement très moderne, mais où l'on retrouve l'atmosphère des vieilles gares.

Une petite pause ?

En retrait du Paseo del Prado, **Estado Puro** (p. 104) est un des bars à tapas les plus attirants de la ville. Ici, on réinvente avec beaucoup de créativité les classiques de la cuisine espagnole.

Explorer

Sol, Santa Ana et Huertas

Les rues bondées de cette partie de Madrid sont surtout connues pour leurs soirées qui ne faiblissent pas une fois le soleil couché, mais elles cachent aussi la charmante Plaza de Santa Ana et le passé littéraire du Barrio de las Letras. Du côté de Sol – cœur battant de Madrid –, on découvre un condensé de toutes les facettes de la ville, avec des boutiques, des restaurants et des lieux de sortie fabuleux.

Pour visiter ces quartiers – les plus animés de Madrid –, on part généralement de la Plaza de la Puerta del Sol, le centre effervescent de la ville, avant de passer à la Plaza de Santa Ana, très proche, puis aux ruelles qui dévalent la colline à l'est.

La Puerta del Sol est avant tout un lieu de transit et un point de rencontre avant d'aller ailleurs. Il n'y a aucune raison de s'y attarder. La Plaza de Santa Ana est en revanche une destination en elle-même. Cette jolie place est devenue l'emblème d'une ville où profiter de la vie est un véritable art. Et si la place peut être très paisible par une après-midi ensoleillée en semaine, elle reprend vie – avec les ruelles qui l'entourent – la plupart des soirs.

Comment y aller

M Desservie par les lignes 1, 2 et 3, la station de métro Sol est une des plus utiles de la ville. Sont également très pratiques les stations Sevilla (ligne 2), Tirso de Molina et Antón Martín (toutes les deux sur la ligne 1).

Plan de Sol, de Santa Ana et de Huertas p. 70

La Plaza de la Puerta del Sol (p. 72) LUCVI/SHUTTERSTOCK ©

Promenade à pied

Une soirée à Huertas

C'est au coucher du soleil que les habitants commencent à arriver Plaza de Santa Ana et dans les rues allant vers la Puerta del Sol et le Paseo del Prado. Ici, en matière de bar, il y a le choix : de la terrasse chic et cool sur les toits aux vieux classiques du quartier, inchangés depuis des décennies. C'est aussi là que se trouvent les meilleures salles de concerts de la ville.

La promenade :

Départ Plaza de Santa Ana ; Ⓜ Antón Martín, Sol

Arrivée La Terraza del Urban ; Ⓜ Sevilla

Distance 3,5 km

Durée 3-5 heure

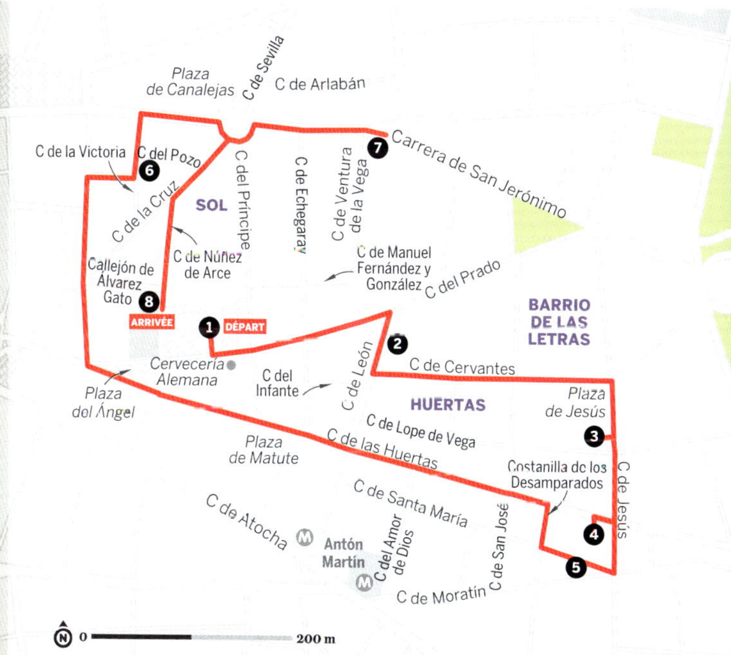

❶ Plaza de Santa Ana

Une soirée dans Huertas débute généralement sur cette place incontournable, bordée d'une multitude de bars avec terrasse. Installez-vous n'importe où, dès qu'une table se libère. Repérez la Cervecería Alemana (p. 78) où Hemingway avait ses habitudes.

❷ Casa Pueblo

La **Casa Pueblo** (91 420 20 38 ; www.facebook.com/casapueblobar ; Calle de León 3 ; 17h-2h lun-jeu, 17h-3h ven, 15h-3h sam, 15h-2h dim ; M Antón Martín ou Banco de España) est un joli bar sur plusieurs étages. Concerts de jazz gratuits, déco bohème et clientèle d'habitués, la trentaine, se régalant de gâteaux et de cocktails.

❸ Taberna La Dolores

Vieilles bouteilles et chopes à bières sur les étagères de cette véritable institution madrilène. Parmi la clientèle de trentenaires se cachent souvent un *famoso* (star) ou deux. La **Taberna La Dolores** (91 429 22 43 ; Plaza de Jesús 4 ; 11h-1h ; M Antón Martín) serait "le bar le plus célèbre de Madrid" : il est toujours plein, donc inutile de contester.

❹ Maceiras

Pour survivre à une soirée madrilène, il faut manger avant de boire. Au Maceiras (p. 74), un petit bar rustique au pied de Huertas, les tapas galiciennes (poulpe, poivrons verts) sont excellentes. Arrosez-les d'un Ribeiro (vin blanc) frais et vous serez presque 100% local.

❺ Jazz Bar

Les vrais amateurs de jazz débutent leur soirée au **Jazz Bar** (91 429 70 31 ; Calle de Moratín 35 ; 15h-2h30 ; M Antón Martín) avant d'aller écouter un concert ailleurs. Mais le jazz, les banquettes en cuir et les plantes vertes en font revenir beaucoup, plus tard dans la nuit.

❻ Taberna Alhambra

Si les bars entre Sol et Huertas finissent par lasser, la bonne vieille **Taberna Alhambra** (91 521 07 08 ; Calle de la Victoria 9 ; 11h-1h dim-mer, jusqu'à 2h jeu, jusqu'à 2h30 ven-sam ; M Sol) est toujours très fréquentée. Derrière sa superbe façade, l'ambiance est aussi sympathique que décontractée.

❼ La Terraza del Urban

Sérieuse prétendante au titre de meilleur bar sur les toits de Madrid, cette terrasse (p. 77) couronne l'Urban Hotel, dont les cinq-étoiles pourraient s'appliquer à la vue sur Madrid comme aux prix, amplement justifiés. Ouverte seulement aux beaux jours.

❽ Villa Rosa

Une réussite, depuis... 1914 ! À l'origine connue pour ses spectacles de flamenco, l'incroyable façade carrelée de la Villa Rosa (p. 80) a abrité de nombreuses manifestations, avant un récent retour aux sources. Aujourd'hui, les spectacles sont bons et le prix des repas n'engloutira pas votre budget.

A
B
C
D
1
2
3
4
5
6
0
200 m
C del Desengaño
C del Barco
C del Valverde
C de Fuencarral
C de Hortaleza
Plaza de Vásquez de Mella
C de las Infantas
C de la Libertad
Plaza del Rey
Gran Vía
C Chinchilla
C de la Salud
C de las Tres Cruces
Gran Vía
Plaza de la Red de San Luis
C de Clavel
C de la Reina
Gran Vía
C del Marqués del Valdeiglesias
Banco de España
C de la Abada
Plaza del Carmen
26
30
C del Caballero de Gracia
C de los Jardines
C de la Virgen de los Peligros
Edificio Metrópolis
4
C de San Alberto
CENTRO
Sevilla
23
2
20
C del Carmen
C de Preciados
C de Tetuán
C de la Montera
C de la Aduana
16
Círculo de Bellas Artes
Real Academia de Bellas Artes de San Fernando
1
Plaza de la Puerta del Sol
Sol
C de Alcalá
C de Sevilla
Sevilla
C de los Cedaceros
C de los Madrazo
C de Marqués de Casa Riera
8
5
32
Plaza de Canalejas
C de Arlabán
28
La Mallorquina
C Mayor
Carrera de San Jerónimo
C de Zorrilla
C Fernánflor
17
C del Pozo
22
34
C del Correo
C de la Cruz
C de Echegaray
18
Carrera de San Jerónimo
C de Cádiz
C de Espoz y Mina
C de la Victoria
C del Príncipe
C de Ventura de la Vega
Plaza de las Cortes
9
SOL
C de la Paz
33
C de Carretas
Callejón de Álvarez Gato
24
31
C de San Agustín
Barrio de las Letras
C de Medinaceli
C del Duque
C del Prado
C de la Bolsa
C de Barcelona
29
Plaza de Santa Ana
19
3
14
6
Hammam al-Andalus
Plaza de Jacinto Benavente
Plaza del Ángel
C de Manuel Fernández y González
C de León
7
27
11
25
C de Cervantes
Plaza de Jesús
C de la Concepción Jerónima
C de San Sebastián
Plaza de Matute
10
C Quevedo
C de Lope de Vega
12
21
HUERTAS
15
C del Doctor Cortezo
C de los Relatores
C de Luiz Vélez de Guevera
C del Olivar
C de Atocha
C de las Huertas
C del Amor de Dios
C de Santa María
13
Antón Martín
C de la Magdalena
Plaza de Antón Martín
C de Moratín
C de Fúcar
C de la Cabeza
C del Olmo
C del Ave María
C de Santa Isabel
LAVAPIÉS
Antón Martín
Nos adresses
Voir p. 71
Se restaurer p. 72
Prendre un verre p. 76
Sortir p. 78
Shopping p. 80

Voir

Real Academia de Bellas Artes de San Fernando MUSÉE

1 PLAN P. 70, B3

Cette institution joue un rôle essentiel dans la vie artistique de la ville depuis plusieurs siècles. Fondée comme Académie royale des Beaux-Arts, elle a soutenu les talents locaux et a permis d'attirer en Espagne les grands artistes internationaux. La liste des anciens élèves constitue un florilège de l'art espagnol. La collection du musée est impressionnante. (91 524 08 64 ; www.realacademiabellasartessanfernando.com ; Calle de Alcalá 13 ; adulte/enfant 8 €/gratuit, mer gratuit ; 10h-15h mar-dim sept-juil ; M Sol, Sevilla)

Círculo de Bellas Artes CENTRE CULTUREL

2 PLAN P. 70, D2

Pour une vue spectaculaire sur Madrid, prenez l'ascenseur jusqu'au 7e étage du "Cercle des Beaux-Arts". D'ici, le magnifique dôme de l'Edificio Metrópolis semble à portée de main, et l'ensemble de la ville, avec les montagnes en toile de fond, s'offre au regard. Les deux bars, la musique lounge et les espaces prévus pour s'allonger invitent à la détente. En bas, des expositions, des concerts, des courts métrages et des lectures ont lieu. Le rez-de-chaussée abrite un très beau café (p. 77) style Belle Époque. (La Azotea ; 91 360 54 00 ; www.circulobellasartes.com ; Calle de Alcalá 42 ; toit-terrasse 4 € ; toit-terrasse 9h-2h lun-jeu, 9h-3h ven, 11h-3h sam, 11h-2h dim ; M Banco de España, Sevilla)

Plaza de Santa Ana PLACE

3 PLAN P. 70, B4

La Plaza de Santa Ana est une belle place, entourée de bâtiments architecturalement intéressants et où l'animation est continue. Elle est située sur les hauteurs du Barrio de las Letras (p. 72) et la littérature est ici bien présente : repérez la statue de l'écrivain Calderón de la Barca (XVIIe siècle) et celle de Federíco García Lorca (XXe siècle), ainsi que la façade du **Teatro Español** (91 360 14 84 ; www.teatroespanol.es ; Calle del Príncipe 25 ; M Sevilla, Sol, Antón Martín), à l'extrémité est de la place.

Aménagée en 1810, sous le règne controversé de Joseph Bonaparte (frère aîné de Napoléon), la place permit à ce qui était jusqu'alors un quartier très étouffant de Madrid de respirer un peu. La vie intellectuelle s'articula rapidement dans ses cafés où écrivains, poètes et artistes se livraient à d'interminables *tertulias* (discussions littéraires et philosophiques).

Aujourd'hui la place sert d'entrée en matière à de nombreuses soirées dans le quartier. (M Sevilla, Sol, Antón Martín)

Le mercredi, c'est gratuit !

La Real Academia de Bellas Artes de San Fernando (p. 71) possède une collection à faire pâlir d'envie bien des musées européens. En plus, l'entrée est gratuite le mercredi.

Edificio Metrópolis
BÂTIMENT

4 PLAN P. 70, D2

Situé à l'extrémité sud de la Gran Vía, cet imposant immeuble a été conçu en 1905 par les Français Jules et Raymond Février. La statue ailée de la Victoire perchée sur le dôme a été ajoutée en 1975 ; on la voit particulièrement bien depuis la Calle de Alcalá ou depuis la Plaza de Cibeles. Le bâtiment est magnifique le soir sous les projecteurs. (Gran Vía ; M Banco de España, Sevilla)

Plaza de la Puerta del Sol
PLACE

5 PLAN P. 70, A3

Le kilomètre zéro de l'Espagne est un majestueux hémisphère bordé de façades, toujours bondé. C'est avant tout un carrefour, une étape que l'on franchit à pied, en métro (3 lignes s'y croisent) ou en bus (de nombreux itinéraires ont ici leur terminus). Cela semble aujourd'hui difficile à croire, mais la Puerta del Sol (porte du Soleil) était à l'origine la porte est de la ville. (M Sol)

Barrio de las Letras
QUARTIER

6 PLAN P. 70, D4

Le quartier qui descend depuis l'est de la Plaza de Santa Ana est appelé "quartier des lettres", car de nombreux écrivains y vécurent pendant le Siècle d'or espagnol, aux XVIe et XVIIe siècles. Miguel de Cervantes (1547-1616), l'auteur de *Don Quichotte*, a passé la fin de sa vie à Madrid, au **2 Calle de Cervantes**. Une plaque (datant de 1834) est accrochée au-dessus de la porte. (M Antón Martín)

Hammam al-Andalus
SPA

7 PLAN P. 70, A5

Installée dans une ancienne citerne mise au jour dans le Vieux Madrid, cette reconstitution d'un bain arabe traditionnel propose massages et aromathérapie sous d'élégantes voûtes, au son de l'eau qui s'écoule. Les tarifs sont moins élevés entre 10h et 16h, du lundi au vendredi. Réservation obligatoire. (☎ 91 429 90 20 ; madrid.hammamalandalus.com ; Calle de Atocha 14 ; soins 33-115 € ; 10h-minuit ; M Sol)

Se restaurer

Casa Labra
TAPAS €

8 PLAN P. 70, A3

Un établissement à l'ancienne, ouvert depuis 1860. Les habitants adorent le *bacalao* (morue) de la maison. On le commande frit (*una tajada de bacalao* pour 1,50 €) ou en *croqueta* (1,50 €) : un vrai rituel

d'initiation à la vie locale ! La file d'attente est longue à l'heure du déjeuner : chaque semaine, pas moins de 700 kg de morue sont servis ici… (☎91 532 14 05 ; www.casalabra.es ; Calle de Tetuán 11 ; tapas à partir de 1 € ; ⌚11h30-15h30 et 18h-23h ; Ⓜ Sol)

Casa Toni

ESPAGNOL €

9 PLAN P. 70, B4

Les Madrilènes affluent à la Casa Toni, une excellente adresse traditionnelle à Madrid. On y vient pour la cuisine simple et authentique. Les spécialités ? Seiche, gaspacho et abats… Le porc, croustillant, est divin. Pendant que vous y êtes, goûtez aux vins de Madrid. Prix imbattables. (☎91 532 25 80 ; casatoni2@hotmail.com ; Calle de la Cruz 14 ; plats 6-13 € ; ⌚12h-16h30 et 19h-minuit ; Ⓜ Sol)

Vinos González

TAPAS, ÉPICERIE FINE €

10 PLAN P. 70, C5

Chez ce traiteur, on peut jeter son dévolu sur quelque chose et le consommer sur place. Ici, les vitrines abritent un éventail tentant de fromages, charcuterie et autres mets délicats typiquement espagnols. Les tables sont à la bonne franquette, comme dans un café, et le mieux est de s'y éterniser. (☎91 429 56 18 ; www.casagonzalez.es ; Calle de León 12 ; tapas à partir de 3,50 €, raciones 9-15 € ; ⌚9h30-minuit lun-jeu, jusqu'à 1h ven-sam, 11h-18h dim ; Ⓜ Antón Martín)

La Plaza de Santa Ana (p. 71)

El Lateral

TAPAS €

11 PLAN P. 70, B5

El Lateral et ses délicieux *pintxos* (tapas basques) se distinguent des autres bars de la Plaza de Santa Ana. Les tapas ont juste ce qu'il faut d'originalité (croquettes de champignons sauvages, faux-filet au foie gras) et les vins sont bons. Le service est moins brusque que d'ordinaire pour un bar à tapas. (91 420 15 82 ; www.lateral.com ; Plaza de Santa Ana 12 ; tapas 1,55-9,80 €, raciones 7-13 € ; 12h-minuit dim-mer, jusqu'à 2h jeu-sam ; M Antón Martín, Sol)

Casa Alberto

TAPAS €€

12 PLAN P. 70, C5

C'est une des plus anciennes *tabernas* (tavernes) de Madrid, ouverte depuis 1827 dans un édifice où Cervantes aurait écrit l'un de ses livres. Les secrets de sa longévité : vermouth pression, excellentes tapas au bar et bons repas servis en salle. (91 429 93 56 ; www.casaalberto.es ; Calle de las Huertas 18 ; tapas 3,25-10 €, raciones 7-16,50 €, plats 16-19 € ; restaurant 13h30-16h et 20h-minuit mar-sam, 13h30-16h dim, bar 12h-1h30 mar-sam, 12h30-16h dim, fermé le dim en juil et août ; M Antón Martín)

Maceiras

GALICIEN €€

13 PLAN P. 70, D5

Dans ce joli petit bar à la déco rustique, on déguste sur de simples tables en bois les meilleures tapas galiciennes (poulpe, poivrons verts, etc.) de la ville. Avec un verre de Ribeiro blanc, c'est le top ! Ici, la clientèle est fidèle et l'emplacement, au pied de la colline de Huertas, très pratique : l'idéal pour se restaurer avant ou après la visite des musées du Paseo del Prado. Un **deuxième bar** (Calle de Jesús 7) a ouvert au coin de la rue. (91 429 58 18 ; www.tabernamaceira.com ; Calle de las Huertas 66 ; plats 6-14 € ; 13h15-16h15 et 20h-minuit lun-jeu, 13h30-16h45 et 20h30-1h ven-sam, 13h30-16h45 et 20h-minuit dim ; M Antón Martín)

Pause douceur

Donnant directement sur la Puerta del Sol, **La Mallorquina** (plan p. 70, A3 ; 91 521 12 01 ; www.pastelerialamallorquina.es ; Plaza de la Puerta del Sol 8 ; pâtisseries à partir de 2 € ; 9h-21h15 ; M Sol) est une pâtisserie traditionnelle où l'on ne peut s'empêcher de faire un saut quand on passe devant... La douceur la plus demandée est l'*ensaimada* (sorte de brioche saupoudrée de sucre glace), spécialité de Majorque.

Lamucca de Prado

ESPAGNOL, INTERNATIONAL €€

14 PLAN P. 70, C4

Aussi sympathique que l'adresse éponyme dans le quartier de Malasaña, ce bar très populaire sert des spécialités locales

appétissantes comme les assiettes de *jamón* (jambon), mais le menu est surtout international, avec pizzas, biftecks, burgers et salades incluant généralement une touche espagnole. Tout est excellent et cet endroit a un petit quelque chose d'irrésistible qui semble pimenter la nourriture et prolonger les soirées. (☎ 91 521 00 00 ; www.lamuccacompany.com/lamucca-de-prado ; Calle del Prado 16 ; plats 9-16 € ; ⌚13h-1h30 dim-mer, jusqu'à 2h jeu, jusqu'à 2h30 ven-sam ; M Antón Martín)

Los Gatos

TAPAS **€€**

15 PLAN P. 70, D5

Dans ce bar très fréquenté dans le bas de Huertas, nul besoin de déchiffrer le menu, on désigne du doigt les tapas que l'on veut. Et puis on les savoure dans un décor éclectique à l'ancienne (souvenirs de corrida, fresques de squelettes au bar,...). Les tapas sur toast font l'unanimité. (☎ 91 429 30 67 ; Calle de Jesús 2 ; tapas à partir de 3,75 € ; ⌚11h-2h ; M Antón Martín)

La Terraza del Casino

NOUVELLE CUISINE **€€€**

16 PLAN P. 70, C3

Au sommet du fastueux Casino de Madrid, ce temple de la haute cuisine, récompensé par deux étoiles au Michelin, est dirigé par le célèbre chef Paco Roncero. La cuisine expérimentale est à l'honneur et le menu change au gré des trouvailles du laboratoire culinaire. Le *menú de degustación*

Devant le Lhardy (p. 76)

(148 €) promet une incroyable avalanche de saveurs. (☎ 91 532 12 75 ; www.casinodemadrid.es ; Calle de Alcalá 15 ; plats 44-56 €, menus 79-185 € ; ⌚13h-16h et 21h-minuit lun-sam ; M Sevilla)

Lhardy ESPAGNOL €€€

17 PLAN P. 70, B3

Ce restaurant, qui existe depuis 1839, est une institution à Madrid. On y sert des tapas gastronomiques à emporter au rez-de-chaussée et, dans les 6 salles à l'étage, d'excellentes spécialités madrilènes, parfois teintées d'influences françaises. *Cocido a la madrileña* (ragoût de viande et de pois chiches), faisan et canard à l'orange comptent parmi les réussites de la maison. Qualité et service irréprochables. (☎ 91 521 33 85 ; www.lhardy.com ; Carrera de San Jerónimo 8 ; plats 24-36 € ; ⌚13h-15h30 et 20h30-23h lun-sam, 13h-15h30 dim, fermé en août ; M Sol, Sevilla)

Prendre un verre

La Venencia BAR

18 PLAN P. 70, C4

Un grand classique dans le quartier ! On y sert une *manzanilla* (xérès couleur camomille) de Sanlúcar et un véritable vin de Xérès (Jerez), directement depuis des fûts en bois poussiéreux, avec une petite sélection de tapas à l'andalouse. Ni musique ni décoration spéciales : ici, toute la place est laissée à vous, votre *fino* (un type de xérès) et vos amis. (☎ 91 429 73 13 ; Calle de Echegaray 7 ; ⌚12h30-15h30 et 19h30-1h30 ; M Sol, Sevilla)

Salmón Gurú COCKTAILS

19 PLAN P. 70, C4

Après la fermeture du bar à cocktails Le Cabrera, dirigé par le célèbre chef catalan Sergi Arola, les Madrilènes perdirent la trace d'un grand virtuose du cocktail : Diego Cabrera. Heureusement, il est de retour avec un merveilleux lieu multifacette où un incroyable choix de boissons est proposé. Pour commencer, parcourez la carte des 25 *clasicos* Cabrera. (☎ 91 000 61 85 ; salmonguru.es ; Calle de Echegaray 21 ; ⌚17h-2h30 mer-dim ; M Antón Martín)

Tartán Roof BAR LOUNGE

20 PLAN P. 70, D3

Une fois votre cocktail commandé, installez-vous confortablement sur les coussins et admirez la vue (le coucher de soleil si possible) depuis ce magnifique toit-terrasse. C'est le lieu idéal pour se relaxer. (La Azotea ; www.azoteadelcirculo.com ; 7ᵉ ét, Calle Marqués de Casa Riera 2 ; entrée 4 € ; ⌚9h-2h lun-jeu, jusqu'à 2h30 ven, 11h-2h30 sam-dim)

El Imperfecto COCKTAILS

21 PLAN P. 70, C5

Malgré son nom, "L'Imparfait" est une des meilleures adresses à Huertas. Concerts de jazz de temps à autre et impressionnante carte des boissons, allant des

cocktails (7 €, ou deux mojitos pour 10 €) et alcools divers aux milk-shakes, thés et cafés créatifs. La *piña colada* est excellente et l'ambiance à la fois animée et détendue. (Plaza de Matute 2 ; 17h-2h30 lun-jeu, 15h-2h30 ven et sam ; M Antón Martín)

La Terraza del Urban COCKTAILS

22 PLAN P. 70, C4

Ce bar-terrasse à l'ambiance décontractée trône au sommet du cinq-étoiles Urban Hotel. La vue et les prix sont aussi haut de gamme, mais la dépense est largement justifiée. Attention, la terrasse n'est ouverte que pendant les beaux jours. (91 787 77 70 ; Carrera de San Jerónimo 34, Urban Hotel ; 12h-20h dim-lun, 12h-3h mar-sam mi-mai à sept ; M Sevilla)

Café del Círculo de Bellas Artes CAFÉ

23 PLAN P. 70, D2

Ce splendide café Belle Époque, dessiné par Antonio Palacios en 1919, témoigne sous ses beaux lustres du charme d'une époque révolue. Si le personnel ne cache pas son agacement lorsqu'on le contrarie, le service est toutefois plus agréable ces derniers temps ! (91 521 69 42 ; Calle de Alcalá 42 ; 9h-1h dim-jeu, jusqu'à 3h ven-sam ; M Banco de España, Sevilla)

Viva Madrid BAR

24 PLAN P. 70, C4

La façade carrelée du Viva Madrid est une des plus reconnaissables de la ville. Ce bar est une des étapes inexorables d'une soirée dans

La Terraza del Casino (p. 75)

Huertas. Plein à craquer le week-end, on y vient pour les cocktails recherchés et une atmosphère décontractée et chaleureuse. Les tapas sont une autre bonne raison d'y faire un saut. (91 420 35 96 ; www.restaurantevivamadrid.com ; Calle de Manuel Fernández y González 7 ; 12h-minuit lun-jeu, jusqu'à 2h ven-sam ; M Antón Martín, Sol)

Cervecería Alemana BAR

25 PLAN P. 70, B5

Si vous n'avez du temps que pour un seul bar de la Plaza de Santa Ana, optez pour cette *cervecería* (bar à bières), réputée pour ses mousses fraîches et un choix de bières espagnoles plus large que la moyenne. La salle est agréable, mais si vous dénichez une table sur la place un soir d'été, vous la quitterez avec regret... Ouvert depuis 1904, l'établissement a été fréquenté par Hemingway. Ni le bar en bois ni le personnel en nœud papillon ne semblent avoir changé depuis cette époque. (91 429 70 33 ; www.cerveceriaalemana.com ; Plaza de Santa Ana 6 ; 11h-12h30 dim-jeu, jusqu'à 2h ven-sam, fermé août ; M Antón Martín, Sol)

Sortir

Sala El Sol MUSIQUE LIVE

26 PLAN P. 70, B2

Cette salle populaire, une institution à Madrid, a ouvert en 1979, juste à temps pour *la movida madrileña* (lire l'encadré ci-contre). Elle s'est rapidement imposée comme la scène accueillant toutes les icônes de l'époque, par exemple Nacha Pop et Alaska y los Pegamoides. (91 532 64 90 ; www.elsolmad.com ; Calle de los Jardines 3 ; entrée avec boisson 10 €, billets 6-30 € ; minuit-5h30 mar-sam juil-sept ; M Gran Vía)

Café Central JAZZ

27 PLAN P. 70, B5

En 2011, ce bar Art déco a figuré sur la liste des meilleurs clubs de jazz du monde établie par le célèbre magazine *Down Beat* – c'est le seul établissement espagnol à avoir fait l'objet d'une telle distinction (l'équivalent d'une étoile Michelin dans le monde du jazz). Avec plus de 1 000 concerts à son actif, il déçoit rarement les spectateurs. (91 369 41 43 ; www.cafecentralmadrid.com ; Plaza del Ángel 10 ; 12-18 € ; 12h30-2h30 lun-jeu, 12h30-3h30 ven, 11h30-3h30 sam, spectacles 21h ; M Antón Martín, Sol)

Teatro de la Zarzuela THÉÂTRE

28 PLAN P. 70, D3

Construit en 1856, ce théâtre est l'endroit idéal pour assister à une *zarzuela* (un mélange de théâtre, musique et danse). Il accueille également quelques opéras, concerts de musique classique et l'avant-gardiste Compañía Nacional de Danza. (91 524 54 00 ; www.teatrodelazarzuela.mcu.es ; Calle de Jovellanos 4 ; tickets 5-60 € ; billetterie 12h-18h lun-ven, 15h-18h sam-dim ; M Banco de España, Sevilla)

Le cinéaste Pedro Almodóvar

La “movida madrileña”

Originaire d’un petit village pauvre de Castille-La Manche, Pedro Almodóvar prit un jour conscience que dans cet environnement rural si conservateur, il se sentait comme “tombé d’une autre planète”... C’est en emménageant à Madrid, en 1969, qu’il trouve sa voie. Il commence par réaliser des films underground en super-huit et gagne sa vie en vendant des objets au marché aux puces d’El Rastro. Ses premiers films, *Pepi, Luci, Bom y Otras Chicas del Montón* (*Pepi, Luci, Bom et les autres filles du quartier*, 1980) et *Laberinto de Pasiones* (*Le Labyrinthe des passions*, en 1982, qui révéla le jeune Antonio Banderas) firent de lui l’icône de la Movida (“*movida madrileña*”). Cette explosion culturelle et créative s’accompagna d’une remise en question des valeurs traditionnelles de la société dans l’Espagne de l’après-Franco. Les films de Pedro Almodóvar, saturés de couleurs acidulées et de personnages déjantés, illustrent parfaitement cette période d’émancipation collective. La nuit, Pedro Almodóvar se produisait à Madrid dans les bars les plus célèbres de la Movida, dans un spectacle de drag-queens intitulé *Almodóvar & McNamara*. Il jouera même ce rôle dans *Le Labyrinthe des passions*.

Récemment

Dès le milieu des années 1980, le cinéaste devient une célébrité locale. Mais il continue d’élargir son public avec des films au regard original et comique sur l’Espagne moderne, généralement situés à Madrid, comme *Mujeres al Borde de un Ataque de Nervios* (*Femmes au bord de la crise de nerfs*, 1988) et *¡Átame!* (*Attache-moi !*, 1990). En 1999, *Todo Sobre Mi Madre* (*Tout sur ma mère*) lui vaut son premier Oscar du meilleur film étranger. C’est également lui qui révélera l’actrice madrilène Penélope Cruz. Elle a joué dans plusieurs de ses films et appartenait au groupe privilégié des actrices principales du célèbre réalisateur bien avant d’être une star hollywoodienne. Parmi les autres films incontournables dans cette œuvre très personnelle figurent *Tacones Lejanos* (*Talons aiguilles*, 1991), dans lequel on aperçoit la Villa Rosa (p. 80), et *Hable Con Ella* (Parle avec elle, 2002), qui lui valut l’Oscar du meilleur scénario original. Enfin, *Volver* (2006) a été récompensé au Festival de Cannes par le Prix du scénario et le Prix d’interprétation féminine ex æquo pour les six actrices, dont Penélope Cruz.

Villa Rosa

FLAMENCO

29 ✪ PLAN P. 70, B4

Ce *tablao* (salle traditionnelle où ont lieu des spectacles de flamenco) a ouvert ses portes en 1914 et, depuis, son succès ne faiblit pas. Si la salle a accueilli durant quelque temps des représentations autres que de flamenco, elle est revenue finalement à ses origines avec des spectacles d'un excellent rapport qualité/prix. Avant d'entrer, admirez les extraordinaires carreaux de la façade, réalisée en 1928 par Alfonso Romero. Ce dernier est aussi le créateur des azulejos de la Plaza de Toros, dont la façade attire les touristes à elle seule. La Villa Rosa apparaît même dans le film *Tacones lejanos* (*Talons aiguilles*, 1991) de Pedro Almodóvar. (☎ 91 521 36 89 ; www.reservas.tablaoflamencovillarosa.com ; Plaza de Santa Ana 15 ; entrée avec boisson adulte/enfant 35/17 € ; 🕑 23h-6h lun-sam, spectacles 20h30 et 22h45 ; M Sol)

Costello Café & Niteclub

MUSIQUE LIVE

30 ✪ PLAN P. 70, D2

Le sympathique Costello Café & Niteclub allie ambiance relax et mélange innovant de pop, rock et fusion dans un décor digne d'Andy Warhol. Concerts (pop et rock indé) à 21h30 tous les soirs sauf le dimanche et le lundi. Les DJ résidents et invités font danser la foule jusqu'à la fermeture le reste de la semaine. (☎ 91 522 18 15 ; www.costelloclub.com ; Calle del Caballero de Gracia 10 ; 8-20 € ; 🕑 20h-2h30 mar, 20h-3h mer-jeu, 20h-3h30 ven-sam ; M Gran Vía)

Shopping

Licores Cabello

VINS

31 🔒 PLAN P. 70, C4

Si seulement tous les cavistes ressemblaient à celui-ci ! Boutique familiale spécialisée dans les vins depuis 1913, la décoration n'a presque pas changé : étagères en bois et fresque aux couleurs passées au plafond. Les bons vins ne manquent pas (principalement des crus espagnols et quelques bouteilles étrangères) parmi les quelque 500 références exposées ou conservées dans la réserve. (☎ 91 429 60 88 ; Calle de Echegaray 19 ; 🕑 10h-15h et 17h30-22h lun-sam ; M Sevilla, Antón Martín)

Casa de Diego

MODE ET ACCESSOIRES

32 🔒 PLAN P. 70, A3

Cette boutique traditionnelle existe depuis 1858. On y fabrique, vend et répare éventails, châles, parapluies et cannes. Le personnel d'un autre temps est parfois un peu bourru, mais les éventails sont de véritables œuvres d'art. Une autre **boutique** (☎ 91 531 02 23 ; Calle del los Mesoneros Romanos 4 ; 🕑 9h30-13h30 et 16h45-20h lun-sam ; M Callao, Sol) se trouve non loin. (☎ 91 522 66 43 ; www.casadediego.com ;

La façade de la Villa Rosa

Plaza de la Puerta del Sol 12 ; 9h30-20h lun-sam ; M Sol)

Santarrufina ARTICLES RELIGIEUX

33 PLAN P. 70, A4

Il faut le voir pour le croire. Cet avant-poste du catholicisme espagnol a pour clients, entre autres, des églises, des prêtres et des monastères. L'immense boutique s'étend sur trois étages et propose aussi bien des chapelets que de grandes statues de saints et même des socles utilisés lors des processions. Jetez un œil à la chapelle au sous-sol, incroyable ! (91 522 23 83 ; www.santarrufina.com ; Calle de la Paz 4 ; 10h-14h et 16h30-20h lun-ven, 10h-14h sam ; M Sol)

Almacén de Pontejos MERCERIE

34 PLAN P. 70, A4

Se limiter à décrire les articles vendus dans cette mercerie – tissus, boutons et tout un bric-à-brac pour la couture – serait une injustice. Comme tant d'autres sur la place et dans les rues environnantes, cette boutique abrite des objets provenant d'une culture et d'habitudes anciennes. Située à un jet de pierre de la Puerta del Sol, elle est souvent (comme ses semblables) envahie par la foule. (91 521 55 94 ; www.almacendepontejos.com ; Plaza de Pontejos 2 ; 9h30-14h et 16h30-20h15 lun-ven, 9h30-14h sam ; M Sol)

Promenade à pied

Le Madrid des gastronomes

Madrid est injustement sous-estimée du point de vue gastronomique, alors que le meilleur de la tradition et de l'innovation s'exprime dans les restaurants de la ville. En plus, la variété des propositions fait de Madrid une magnifique introduction à la cuisine espagnole.

La promenade

Départ Mercado de San Miguel ; M Sol

Arrivée Lhardy ; M Sol, Séville

Distance 2 km

Durée 2-4 heures

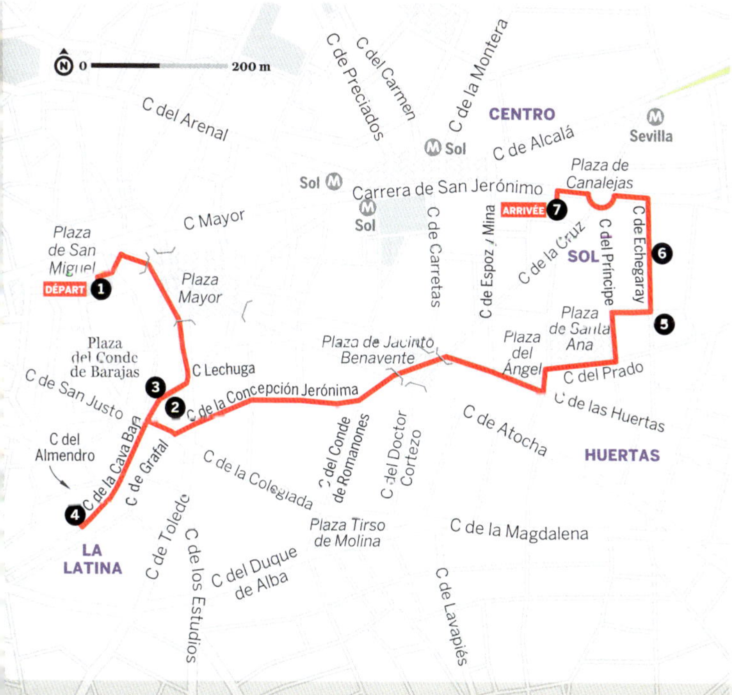

❶ Mercado de San Miguel

Ce marché (p. 44) datant du début du XXᵉ siècle a été magnifiquement réaménagé. C'est aujourd'hui un paradis pour les gastronomes : on déguste sur place des tapas variées allant du chocolat au caviar, les produits sont ultrafrais et l'agitation cesse rarement avant la fermeture... à 2h. La Casa de Bacalao (stand n°17) est particulièrement appréciée.

❷ Casa Revuelta

Le décor et la clientèle de la Casa Revuelta (p. 44) n'ont pas changé depuis des décennies. On y vient pour les tapas de *bacalao* (morue) sans arêtes et pour l'ambiance, si conviviale que les serveurs doivent crier pour se faire entendre. Pour une atmosphère vraiment authentique, allez-y un dimanche à 13h pour déjeuner.

❸ Restaurante Sobrino de Botín

Les viandes rôties et le merveilleux cadre (demandez une table dans la cave voûtée) suffiraient amplement à expliquer la longévité de ce restaurant, le plus ancien du monde (p. 45) ! Il est cité dans des romans d'Ernest Hemingway et de biens d'autres écrivains. Une adresse mythique !

❹ Calle de la Cava Baja

Cette ruelle suit le tracé de la muraille qui encerclait Madrid au Moyen Âge. Ici, les bars sont alignés les uns à côté des autres et c'est une des rues les plus célèbres pour manger des tapas.

❺ Licores Cabello

Il y a les cavistes chez qui l'on vous tend un catalogue... et puis il y a Licores Cabello (p. 80). Ici, on connaît les produits, et l'on sait s'adresser aussi bien aux spécialistes qu'aux néophytes curieux, désireux de découvrir et de goûter la diversité des vins espagnols.

❻ La Venencia

Il n'y a pas de meilleur endroit que La Venencia (p. 76) pour plonger dans l'Espagne d'hier : xérès tiré directement du fût, serveurs grincheux et poussière accumulée au fil des décennies.

❼ Lhardy

Les gourmets ne manqueront cet établissement (p. 76) pour rien au monde. Au rez-de-chaussée, on peut faire ses provisions pour un pique-nique dans le Parque del Buen Retiro ou bien acheter viandes, fromages et autres produits fins à rapporter comme souvenir chez soi. Un lieu typiquement madrilène.

Une petite pause ?

Chocolatería de San Ginés
(☎ 91 365 65 46 ; www.chocolateriasangines.com ; Pasadizo de San Ginés 5 ; ⏲ 24h/24 ; M Sol)

Explorer
El Retiro et les musées d'art

Vus depuis la Plaza de Cibeles au nord, les édifices qui bordent le Paseo del Prado font l'effet d'un inventaire des sites les plus touristiques de Madrid. C'est ici que se trouvent les temples érigés à la culture savante : le musée du Prado, le musée Thyssen-Bornemisza et le Centro de Arte Reina Sofía, qui comptent tous trois parmi les musées les plus prestigieux du monde. Perché sur la colline à l'est, le merveilleux Parque del Buen Retiro contribue à rendre ce quartier particulièrement attrayant pour flâner.

Ancien lit d'une rivière, le Paseo del Prado est un large boulevard où se déploient de part et d'autre de fabuleux musées. Le quartier abrite d'autres monuments imposants ainsi que le jardin botanique. Il est animé surtout la journée et s'éteint quasiment (en tout cas selon les critères madrilènes) après le crépuscule. Le Paseo del Prado ne possède qu'une station de métro à chacune de ses extrémités. Pour marcher, préférez l'allée centrale sous les arbres plutôt que les contre-allées sur les côtés. Le quartier de Huertas est adossé à la colline située à l'ouest.

Comment y aller

M Les stations Banco de España (ligne 2) au nord et Atocha (ligne 1) au sud délimitent le Paseo del Prado. Pour atteindre le Parque del Buen Retiro, l'arrêt Retiro (ligne 2) est le plus pratique. La station Ibiza (ligne 9) est également bien située bien qu'un peu excentrée.

Plan du quartier du Retiro p. 102

Le Palacio de Comunicaciones (p. 103) sur la Plaza de Cibeles

Les incontournables

Musée du Prado

Bienvenue dans l'un des plus beaux musées du monde. La collection du Prado est une fenêtre ouverte sur l'histoire de l'Espagne, grandiose et impérieuse dans les peintures royales de Diego Vélasquez, sombre et tumultueuse dans les pinturas negras ("peintures noires" en français) de Francisco de Goya. Sans oublier les magnifiques chefs-d'œuvre des plus grands maîtres de la peinture européenne.

PLAN P. 102, B4

www.museodelprado.es

Paseo del Prado

Adulte/enfant 15 €/gratuit, 18h-20h lun-sam et 17h-19h dim gratuit, audioguide 3,50 €, visite guidée 24 €

10h-20h lun-sam, jusqu'à 19h dim

M Banco de España

Goya

Francisco de Goya (1746-1828) fait partie des grands maîtres de la peinture espagnole. On retrouve ses œuvres aux trois niveaux du musée. Commencez par le sud du rez-de-chaussée : dans les salles 64 et 65, *El dos de mayo* (*Le 2 mai*) et *El tres de mayo* (*Le 3 mai*) sont deux tableaux emblématiques de l'histoire de Madrid. Exposées dans les salles adjacentes (66 et 67), les troublantes *pinturas negras* (peintures noires) tirent leur nom de l'apparence distordue et de la dimension animale de leurs personnages. *Saturno devorando a su hijo* (*Saturne dévorant son enfant*) est vraiment perturbant ; dans *La romería de San Isidro* (*La Procession à Saint-Isidore*) et l'*Aquelarre* alias *El gran cabrón* (*Le Grand Bouc*), les visages sont vraiment effrayants. Dans l'intéressante note explicative aux *pinturas negras*, on peut voir *El coloso* (*Le Géant*), une peinture attribuée à Goya, jusqu'à ce que les experts en décident autrement en 2008.

Au 1er étage sont conservés d'autres chefs-d'œuvre parmi lesquels *La familia de Carlos IV*, un portrait de la famille royale espagnole peint en 1800 et dans lequel Goya s'est inclus en arrière-plan, à l'instar de Vélasquez dans *Las meninas*. Ne manquez pas *La maja vestida* (*La Jeune Femme vêtue*) et *La maja desnuda* (*La Jeune Femme nue*). On considère souvent ces portraits comme étant ceux de la duchesse d'Albe, l'hypothétique maîtresse de Goya.

Vélasquez

Vélasquez (1599-1660) était peintre de la cour et son travail offre donc un aperçu unique de la vie de la famille royale au XVIIe siècle. C'est le Prado qui conserve le plus grand nombre de peintures du maître. Le tableau *Las meninas* (*Les Ménines*, salle 12), terminé en 1656 et également appelé *La familia de Felipe IV* (*La Famille de Philippe IV*), est celui

★ À savoir

- Prévoyez plusieurs visites, sinon, vous risquez de vous sentir vite saturé.
- Un billet pour unr journée coûte 15 € ; un billet pour deux jours 22 €.
- Réservez en ligne pour éviter de faire la queue.

✕ Une petite pause ?

À quelques rues à l'ouest du Paseo del Prado, Los Gatos (p. 75) est un bar à tapas typique où la déco "corrida et foot" fait idéalement contrepoids à l'avalanche de chefs-d'œuvre du Prado.

qui attire le plus de visiteurs. Il représente au centre l'infante Marguerite-Thérèse et, sur la gauche, le peintre lui-même. Ce tableau est plus complexe qu'il ne paraît : c'est en fait un autoportrait de l'artiste en train de peindre le roi et la reine, dont l'image se reflète, affirment certains experts, dans le miroir situé derrière Vélasquez. Ce dernier fait ici preuve d'une maîtrise de la lumière et des couleurs comme dans aucun autre tableau. Au-delà de l'incroyable audace du peintre qui se représente au côté de la famille royale, la présence de la croix de l'ordre de Saint-Jacques-de-l'Épée sur sa poitrine est un détail intéressant. L'obtention d'un titre de noblesse obsédait visiblement le peintre. Il en reçut un peu de temps avant sa mort, mais il se fit cet honneur bien des années plus tôt dans cette toile...

Les salles autour de *Las meninas* (salles 14 et 15) conservent d'autres superbes toiles desquelles semblent surgir divers membres de la royauté, souvent à cheval. C'est ici que se trouve enfin *La rendición de Breda* (*La Reddition de Breda*), autre chef-d'œuvre du peintre.

Les salles conservent également des œuvres d'autres peintres espagnols incontournables comme Bartolomé Esteban Murillo (1618-1682), José de Ribera (1591-1652) et les figures religieuses austères de Francisco de Zurbarán (1598-1664).

La collection flamande

La remarquable collection d'art flamand comprend des œuvres de Rubens (1577-1640). *Las Tres*

Les Ménines, le chef-d'œuvre de Vélasquez

La vie et l'époque de Goya

Francisco José de Goya y Lucientes (1746-1828) débuta en réalisant des cartons à la manufacture royale de tapisserie de Madrid. Il devint sourd en 1792 à la suite d'une maladie. Ce handicap serait, pour de nombreux experts, à l'origine du style brutal, souvent implacable, qu'il développa en se libérant de plus en plus des conventions. En 1799, Goya fut nommé peintre à la cour de Charles IV.

Après ses énigmatiques chefs-d'œuvre, *La maja vestida* et *La maja desnuda*, il créa les fresques de l'Ermita de San Antonio de la Florida à Madrid. Puis l'arrivée des Français et la guerre qui s'ensuivit en 1808 l'affectèrent profondément. *El Dos de Mayo* (*Le 2 mai*) et, de façon encore plus spectaculaire, *El Tres de Mayo* (*Le 3 mai*) témoignent de manière magistrale de la violence de la guerre.

Une fois retiré à la Quinta del Sordo ("la maison du sourd"), à l'ouest du Río Manzanares, à Madrid, Goya exécuta ses terrifiantes *pinturas negras* (peintures noires) directement sur les murs de sa maison. Elles furent plus tard retirées pour être exposées au Prado. L'artiste passa ses dernières années en exil volontaire en France, où il continua à peindre jusqu'à sa mort.

Gracias (*Les Trois Grâces*) et *Adoración de los Reyes Magos* (*L'Adoration des Mages*) sont les plus connues. Parmi les autres chefs-d'œuvre figurent *Le Triomphe de la mort* de Pieter Bruegel (vers 1525-1569) l'Ancien et des tableaux de Antoon Van Dyck (1599-1641).

Réalisé en 1435 par Rogier Van der Weyden (vers 1399-1464), *El descendimiento* (*Descente de Croix*) est un tableau inhabituel, tant par ses dimensions que par les formes d'arbalètes récurrentes qui ornent les coins supérieurs, reprises dans les corps de Marie et du Christ (l'œuvre avait été commandée par une confrérie d'arbalétriers). La peinture correspondait autrefois à la partie centrale d'un triptyque.

Ne manquez surtout pas l'étrange et merveilleux *Jardin des délices* (salle 56A) de Jérôme Bosch (vers 1450-1516). Cette incroyable œuvre hallucinatoire n'a encore pu être totalement expliquée.

Judith au banquet d'Holopherne, achevé en 1634, est le seul tableau de Rembrandt (1606-1669) conservé au Prado. Remarquez la signature de l'artiste et la date sur l'accoudoir du fauteuil. Le peintre est au sommet de son art, domptant parfaitement le clair-obscur, ainsi que les détails subtils des vêtements et du visage.

Le Greco

Cet artiste d'origine grecque fait partie des grands maîtres du Siècle d'or de la peinture espagnole (XVIe siècle). Ses

compositions saisissantes et presque surréalistes de cet Espagnol d'adoption sont parfaitement exécutées, avec leurs figures minces et torturées caractéristiques. Une trentaine de ses peintures sont exposées au Prado. *L'Annonciation* et *La Fuite en Égypte* ont été peintes en Italie, avant l'arrivée du Greco en Espagne. *La Trinité* et *Chevalier à la main sur la poitrine* comptent parmi ses œuvres majeures.

L'Empereur Charles Quint à cheval du Titien

Considérée comme l'un des plus beaux portraits royaux équestres de l'histoire de l'art, cette œuvre du XVIe siècle serait à l'origine des peintures similaires de Diego Rodríguez de Silva Vélasquez, un siècle plus tard. Titien (1488-1576), l'un des grands maîtres de la Renaissance, entrait dans sa période la plus célèbre lorsqu'il réalisa cette toile, largement reconnue comme l'un de ses chefs-d'œuvre.

Les autres œuvres...

Le temps passé au Prado ne peut se mesurer, il y a toujours plus à découvrir... Par exemple des peintures de Dürer, Raphaël, Tintoret, Sorolla, Gainsborough, Fra Angelico, Tiepolo, etc. La liste est longue...

Edificio Villanueva

Achevée en 1785, l'aile ouest du Prado (Edificio Villanueva) correspond au Palacio de Villanueva, de style néoclassique. Il abrita la cavalerie des troupes napoléoniennes de 1808 à 1813. En 1814, le roi Ferdinand VII décida d'en faire un musée. Cinq ans plus tard, le musée du Prado ouvrait avec 311 peintures espagnoles.

Edificio Jerónimos

L'aile est du Prado (Edificio Jerónimos) fait partie de la superbe extension du musée signée de l'architecte Rafael Moneo. Elle est consacrée aux expositions temporaires (servant généralement à dévoiler les chefs-d'œuvre du Prado conservés en réserve par manque de place sur les murs). Ce nouveau bâtiment a pour particularité d'inclure, au 2e étage, le cloître en granit, datant de 1672, de l'**Iglesia de San Jerónimo El Real** (☎ 91 420 35 78 ; Calle de Ruiz de Alarcón ; gratuit ; 🕒 10h-13h et 17h-20h30 ; Ⓜ Atocha, Banco de España), adjacente au musée.

Casón del Buen Retiro

Cet **édifice** (☎ 902 107077 ; Calle de Alfonso XII 28 ; 🕒 horaires variables ; Ⓜ Retiro) dominant le Parque del Buen Retiro abrite la bibliothèque du musée, situé juste à côté. Le Prado organise des visites guidées de l'éblouissante salle des ambassadeurs, surmontée de *L'Apothéose de la monarchie espagnole*, une fresque superbe peinte au plafond par Luca Giordano en 1697.

Museo del Prado

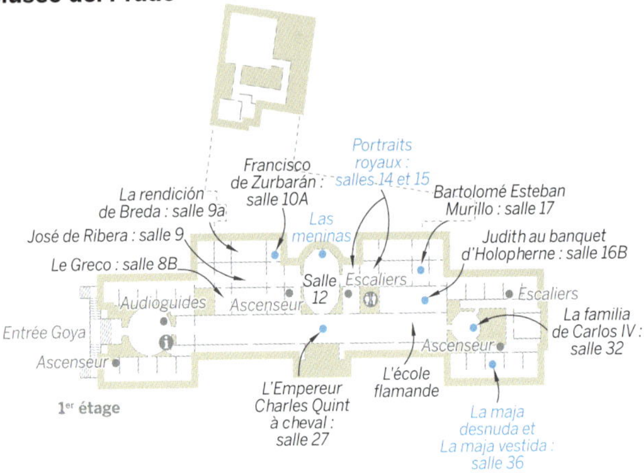

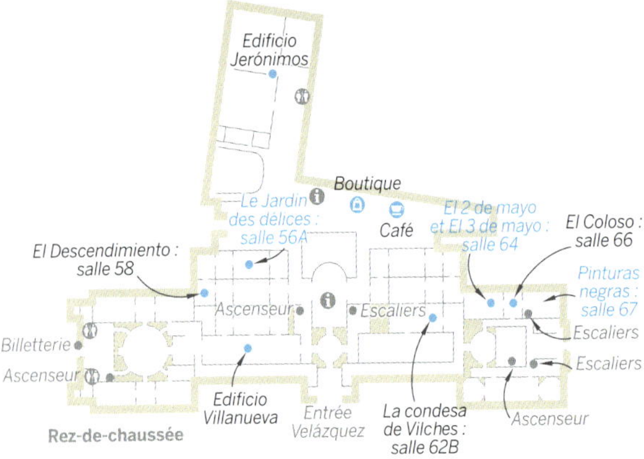

Les incontournables

Musée Thyssen-Bornemisza

Digne membre du "triangle d'or" artistique de Madrid, le Museo Thyssen-Bornemisza est une des plus extraordinaires collections privées du monde. Si la visite du musée du Prado et du Centro de Arte Reina Sofía permet d'avoir une vue globale de l'œuvre d'un artiste donné, le musée Thyssen-Bornemisza offre au contraire un panorama époustouflant de l'art européen (dans sa majeure partie).

PLAN P. 102, A3

902 760511

www.museothyssen.org

Paseo del Prado 8

Adulte/enfant 12 €/ gratuit, gratuit lun

10h-19h mar-dim, 12h-16h lun

M Banco de España

Art religieux

Consacré à l'art médiéval et à la Renaissance, le 2e étage conserve de véritables trésors parmi les peintures et triptyques religieux, majoritairement italiens, allemands et flamands, pour la plupart des XIIIe et XIVe siècles.

Salles 5 et 10

Si vous disposez de peu de temps, passez les quatre premières salles et allez dans la salle 5 pour admirer une œuvre de l'Italien Piero della Francesca (1410-1492) et le très reconnaissable portrait d'*Henri VIII d'Angleterre* de Holbein le Jeune (1497-1543). Exposé dans la salle 8, *Jésus parmi les docteurs* d'Albrecht Dürer, figure de proue de la Renaissance allemande, est un tableau exceptionnel et vaguement dérangeant. Remarquez l'anagramme de Dürer inscrit sur un bout de papier dépassant d'un livre au premier plan. Poursuivez avec la salle 10 qui conserve le poignant *Massacre des innocents* (1586) de Lucas Van Valckenborch.

Les écoles espagnole et vénitienne

La salle 11 est dédiée au Greco (3 œuvres) et à ses contemporains vénitiens, le Tintoret et Titien. Dans la salle 12 sont exposées des œuvres de Caravage et de l'Espagnol José de Ribera. Une peinture de Murillo et une autre de Zurbarán ajoutent une touche espagnole aux deux salles suivantes. Ne manquez pas les vues exceptionnelles de Venise signées Canaletto (1697-1768) : peu de tableaux sont devenus aussi emblématiques d'une ville que sa *Place Saint-Marc*.

Collection de la baronne, 1re partie

Clou du musée, l'extension au dernier étage (salles A jusqu'à H) héberge la collection personnelle de Carmen Thyssen-Bornemisza, les autres œuvres appartenant à son mari décédé, le baron Thyssen-Bornemisza, un

★ Bon à savoir

- Un excellent audioguide permet de se concentrer sur certains tableaux en particulier, faisant équilibre à l'impression de surabondance créée par l'énorme collection.
- Contrairement à de nombreux musées madrilènes, le Thyssen est ouvert le lundi et gratuit ce jour-là, mais il y a parfois foule. Pour être tranquille, venez n'importe quel autre jour à l'ouverture, mais il vous faudra payer l'entrée.

Une petite pause ?

L'Estado Puro (p. 104), juste après le rond-point que l'on aperçoit depuis l'entrée du musée, est un bar à tapas chic et ultracréatif.

Pour manger assis et dans une bonne ambiance, Maceiras (p. 74), situé en haut de la colline de Huertas, à côté du Paseo del Prado, est incontournable. Ses spécialités galiciennes sont excellentes.

magnat germano-hongrois. La salle C conserve des toiles de Canaletto, Constable et Van Gogh. La salle H présente des œuvres de Monet, Sisley, Renoir, Pissarro et Degas.

Salles 28 à 35

C'est le 1er étage qui fait vraiment la gloire du musée. Un Gainsborough se cache dans la salle 28, et un Goya dans la 31. Le tableau *Asensio Julià* de ce dernier aurait été dédié au peintre valencien du même nom, ami de Goya avec qui il travailla sur les fresques de l'Ermita de San Antonio de la Florida (p. 138). Toujours dans la salle 31 trône un chef-d'œuvre méconnu : *Matin de Pâques* de Caspar David Friedrich, une des personnalités majeures du romantisme allemand. C'est une peinture au symbolisme riche – la lune et l'aube évoquent la mort et la résurrection – et dont les couleurs tout en nuances sont d'une extraordinaire subtilité.

Prenez le temps d'observer toutes les peintures de la salle 32. *Les Vessenots* à Auvers de Van Gogh est une toile majeure, comme *L'Amazone* de Manet, *La Débâcle à Vétheuil* de Monet ou encore la *Femme à l'ombrelle dans un jardin* de Renoir et la *Rue Saint-Honoré, dans l'après-midi* de Pissarro. Absolument extraordinaire.

Vous n'aurez pas le temps de reprendre votre souffle. La salle 33 abrite des tableaux de Cézanne, de Gauguin, de Toulouse-Lautrec et de Degas ; la salle 34 de Picasso, de Matisse et de Modigliani ; et la salle 35 d'Edvard Munch et d'Egon Schiele.

Collection de la baronne, 2e partie

Dans l'extension, au 1er étage (soit les salles I à P), la salle K expose des toiles de Monet, Pissaro, Sorolla et Sisley. Vous verrez des Gauguin (notamment l'emblématique *Mata Mua*), Degas et Toulouse-Lautrec dans la salle L. Les salles M (Munch), N (Kandinsky), O (Matisse et Georges Braque) et P (Picasso, Matisse, Edward Hopper et Juan Gris) complètent ce voyage artistique incroyablement riche.

Cubisme et surréalisme

Au rez-de-chaussée, la salle 41 réunit trois grands artistes cubistes, Pablo Picasso, Georges Braque et le Madrilène Juan Gris, ainsi que plusieurs autres contemporains. Vassily Kandinsky est la star de la salle 43. Une des premières peintures de Salvador Dalí, au côté d'œuvres de Max Ernst et de Paul Klee, se trouve dans la salle 44.

Icônes du XXe siècle

Pablo Picasso fait une nouvelle apparition dans la salle 45, autre salle vedette du musée, où l'on peut aussi découvrir des tableaux de Marc Chagall et de Dalí. La salle 46 accueille le *Paysan catalan à la guitare* de Joan Miró, le *Marron et argent I* de Jackson Pollock et un *Sans titre (vert sur marron)* de l'Américain Mark Rothko, faussement simple et terriblement séduisant.

Museo Thyssen-Bornemizsa

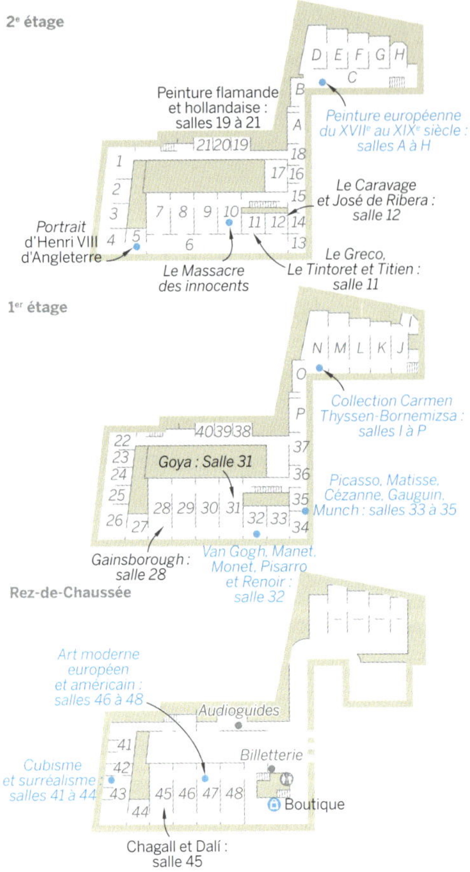

Les incontournables

Centro de Arte Reina Sofía

C'est ici qu'est exposé Guernica de Picasso, probablement le tableau espagnol le plus connu. On peut aussi y voir de nombreuses œuvres de célèbres artistes espagnols du XXᵉ siècle, notamment de Salvador Dalí et de Joan Miró. Le Centro de Arte Reina Sofía, qui couvre une période allant du XXᵉ siècle jusqu'aux années 1980, possède la plus belle collection d'art moderne et contemporain de Madrid.

PLAN P. 102, A6

www.museoreinasofia.es
Calle de Santa Isabel 52
Tarif plein/réduit 10 €/gratuit, 13h30-19h dim, 19h-21h lun et mer-sam gratuit, billets moins chers en ligne
10h-21h lun et mer-sam, 10h-19h dim
M Atocha

Guernica de Picasso

Considéré par certain comme l'œuvre d'art la plus importante du XXᵉ siècle, le monumental *Guernica* (1937) de Pablo Picasso mesure 3,5 m sur 7,8 m. On pourrait facilement passer des heures à l'observer. Prenez le temps d'examiner les détails, puis reculez pour une vue d'ensemble sur cette extraordinaire toile.

Pour approfondir votre connaissance de *Guernica*, n'oubliez pas les esquisses que Picasso peignit en préparation de son chef-d'œuvre. Elles se trouvent dans la salle 206 et permettent d'avoir un aperçu du processus de développement de cette œuvre fondatrice.

Autres maîtres du cubisme

Si Picasso est à l'origine du cubisme, bien d'autres artistes marchèrent dans ses pas. Les traditionnels masques africains qui auraient influencé le travail de Picasso se retrouvent ainsi également dans l'œuvre du Madrilène Juan Gris (1887-1927) et dans celle de Georges Braque (1882-1963), deux maîtres incontestés du cubisme.

Joan Miró

Le travail de Joan Miró (1893-1983) est facilement reconnaissable à l'emploi de belles couleurs vives. L'œuvre de cet artiste majeur du XXᵉ siècle a été internationalement reconnue, bien avant qu'elle ne devienne le symbole des Jeux olympiques de Barcelone en 1992. Le musée abrite une belle collection, qui permet d'avoir un bon aperçu du travail résolument novateur de l'artiste catalan.

Salvador Dalí

Une vingtaine de toiles de Salvador Dalí est conservée au Centro de Arte Reine Sofía.

★ À savoir

- La collection permanente occupe les 2ᵉ et 4ᵉ étages de l'aile principale du musée, l'Edificio Sabatini.
- *Guernica* est exposé en permanence dans la salle 206 (2ᵉ étage).
- Les peintures sont présentées plutôt par thème que par artiste – prenez le *Plano del museo* (plan du musée).

Une petite pause ?

Visible depuis l'entrée du musée, **El Brillante** (☎ 91 528 69 66 ; Plaza del Emperador Carlos V ; bocadillos 4,50-7 €, raciones 7,50-13 € ; 🕒 7h30-2h30 sept-juil ; Ⓜ Atocha) est un bar-restaurant tout simple.

Non loin, à l'ouest du musée, **La Buga del Lobo** (☎ 91 528 88 38 ; www.facebook.com/labugadellobo ; Calle de Argumosa 11 ; plats 12-20 € ; 🕒 11h-2h mer-mon ; Ⓜ Lavapiés) est une bonne adresse pour un verre ou un repas.

Guernica de Picasso

Guernica est à la fois un des tableaux les plus célèbres du monde, un symbole de paix et une œuvre emblématique du cubisme. Pour certains, c'est un tableau ouvertement politique, un moment saisi à l'instant où le monde perdait son innocence. Le défigurement de la forme humaine allait devenir la métaphore de l'indignation du monde face aux horreurs infligées aux innocents par les conflits modernes. Pour d'autres, cette toile annonce l'arrivée d'un tout nouveau genre (dont elle reste l'emblème).

Après l'éclatement de la guerre civile en 1936, le gouvernement républicain de Madrid commande à Picasso une peinture pour l'Exposition universelle de Paris de 1937. Le 26 avril 1937, la ville de Guernica, située au Pays basque espagnol, est bombardée par la Légion Condor de Hitler, à la demande de Franco. Picasso retranscrit alors sa révolte et sa colère sur la toile. Au moins 200 personnes (peut-être beaucoup plus) moururent lors de cette attaque et une grande partie de la ville fut détruite. Pour comprendre l'impact retentissant qu'eut cette œuvre à l'époque, il faut avoir en tête que l'attaque de Guernica marque le début de l'utilisation de l'aviation militaire contre des civils ; elle annonce les ravages des armes de destruction massive lors de la Seconde Guerre mondiale.

Guernica a été une œuvre controversée et fut d'abord considérée par beaucoup comme de la propagande plutôt que de l'art. Picasso était opposé à Franco et il passa la majeure partie de sa vie en exil. La toile fut envoyée aux États-Unis, où elle passa de musée en musée. L'Espagne ne la récupéra qu'en 1981, conformément au souhait de Picasso de la voir revenir uniquement après la restauration de la démocratie.

Étant donné son sujet, les Basques estiment que la toile de Picasso a sa place au Pays basque et n'ont de cesse de la réclamer. Un tel transfert est toutefois peu probable, la reine Sofía arguant de sa fragilité pour exclure tout déplacement.

La plus célèbre est sans doute la sublime peinture surréaliste *Le Grand Masturbateur* (1929), une toile aussi fascinante que troublante et une des grandes attractions du musée. Jetez également un œil à l'étrange sculpture *Portrait of Joella*, réalisée par Dalí et Man Ray.

Artistes espagnols contemporains

Le Centro de Arte Reine Sofía constitue aussi une formidable occasion de découvrir des artistes espagnols du XXe siècle moins connus. Certains sont encore vivants, comme le Majorquin Miquel Barceló (né en 1957)

ou l'artiste de pop art Eduardo Arroyo (né en 1937). D'autres sont incontournables comme le peintre barcelonais Antoni Tàpies (1923-2012), un des artistes espagnols les plus créatifs de la fin du XXe siècle. Ne manquez pas non plus les œuvres de l'artiste madrilène José Gutiérrez Solana (1886-1945), du célèbre peintre basque Ignacio Zuloaga (1870-1945), ni celles de Benjamín Palencia (1894-1980), qui a su très bien saisir l'agitation de l'Espagne dans les années 1930. Et puis attardez-vous sur le travail des peintres abstraits, par exemple Eusebio Sempere (1923-1985) et les membres de l'Equipo 57 (fondé en 1957 par un groupe d'artistes espagnols exilés à Paris), notamment Pablo Palazuelo (1916-2007).

Sculptures

Le travail de Pablo Gargallo (1881-1934), dont les bronzes comprennent un buste de Pablo Picasso, mérite d'être observé. Les pièces des célèbres sculpteurs basques Jorge Oteiza (1908-2003) et Eduardo Chillida (1924-2002) sont également intéressantes. Les sculptures en fer rouillé de ce dernier figurent d'ailleurs parmi les œuvres qui ont durablement marqué le XXe siècle.

Edificio Nouvel

Aménagé dans un ancien hôpital datant du XVIIIe siècle et doté d'imposants ascenseurs panoramiques à l'extérieur, le bâtiment du Centro Reina Sofía est en lui-même digne d'intérêt. En 2005, l'architecte français Jean Nouvel a signé une superbe extension (appelée Edificio Nouvel) du musée. Elle s'étend jusqu'à la pointe ouest de la Plaza del Emperador Carlos V et accueille des expositions temporaires, des salles, la librairie, un café et la bibliothèque du musée.

Les incontournables

Parque del Buen Retiro

Les jardins de l'ancien palais royal (palacio d'El Retiro) *sont désormais un vaste parc paysager ouvert au public. Entre les pelouses aménagées, les jardins à la française, les parterres de fleurs et les allées plantées de grands arbres, des monuments en marbre et quelques édifices élégants se cachent ça et là. Paisible et reposant la semaine, le parc s'anime le week-end : c'est LE rendez-vous des Madrilènes.*

PLAN P. 102, C3

Plaza de la Independencia

6h-minuit mai-sept, jusqu'à 22h oct-avr

M Retiro, Príncipe de Vergara, Ibiza, Atocha

El Estanque

L'étang (*estanque*) artificiel du Retiro est au centre de l'animation du parc. Les imposantes colonnades du **monument à Alphonse XII** et les lions de marbre veillent sur les barques. L'étrange construction décorée de deux sphinx située au sud du lac est la **Fuente Egipcia** (Fontaine égyptienne ; 6h-minuit mai-sept, jusqu'à 22h oct-avr) : on raconte qu'une immense fortune aurait été enterrée dans le parc par Philippe IV au milieu du XVIIIe siècle et reposerait dessous... Juste en bas de la colline, au sud du lac, le **Palacio Velázquez** (www.museoreinasofia.es ; prix variable ; 10h-22h mai-sept, jusqu'à 19h oct, jusqu'à 18h nov-avr), un édifice très simple datant de 1883, accueille des expositions temporaires organisées par le Centro de Arte Reina Sofía.

Palacio de Cristal

Caché entre les arbres au sud du lac, le **Palacio de Cristal** (91 574 66 14 ; www.museoreinasofia.es ; 10h-22h avr-sept, 10h-19h oct, 10h-18h nov-mars) est un beau pavillon en verre et métal. Construit en 1887 comme jardin d'hiver pour abriter des fleurs exotiques, il héberge désormais des expositions temporaires montées par le Centro de Arte Reina Sofía (p. 96).

Ermita de San Isidro

Dans l'angle nord-est du parc se dresse une petite chapelle, l'**Ermita de San Isidro** (Paseo del Quince de Mayo 62), un des rares exemples (certes modeste) d'architecture romane à Madrid. Une partie des murs, une entrée latérale et une partie de l'abside restent de cet ermitage du XIIIe siècle, époque à laquelle Madrid n'était qu'un petit village distant de plus de 2 km. Au sud de la chapelle, parmi les haies sculptées et les paons qui se promènent, se trouve la **Casa de Fieras**, l'ancien zoo de Madrid qui accueillit autrefois les dromadaires mis à l'honneur dans le film *Lawrence d'Arabie*.

★ À savoir

- Si vous comptez louer un bateau le week-end, faites-le entre 15h et 16h, à l'heure du déjeuner.
- Les kiosques vendent des boissons au prix fort, il y a quelques cafés mais peu de nourriture ; le mieux est d'apporter un pique-nique.

Une petite pause ?

Idéal pour acheter de quoi grignoter ou s'asseoir le temps d'un café, le Mallorca (p. 116) est une excellente halte en chemin pour le parc, ou au retour.

Le Viridiana (p. 104) est un classique à Madrid, un restaurant chic et créatif où l'on mange vraiment très bien. Ouvert midi et soir, réservation vivement recommandée.

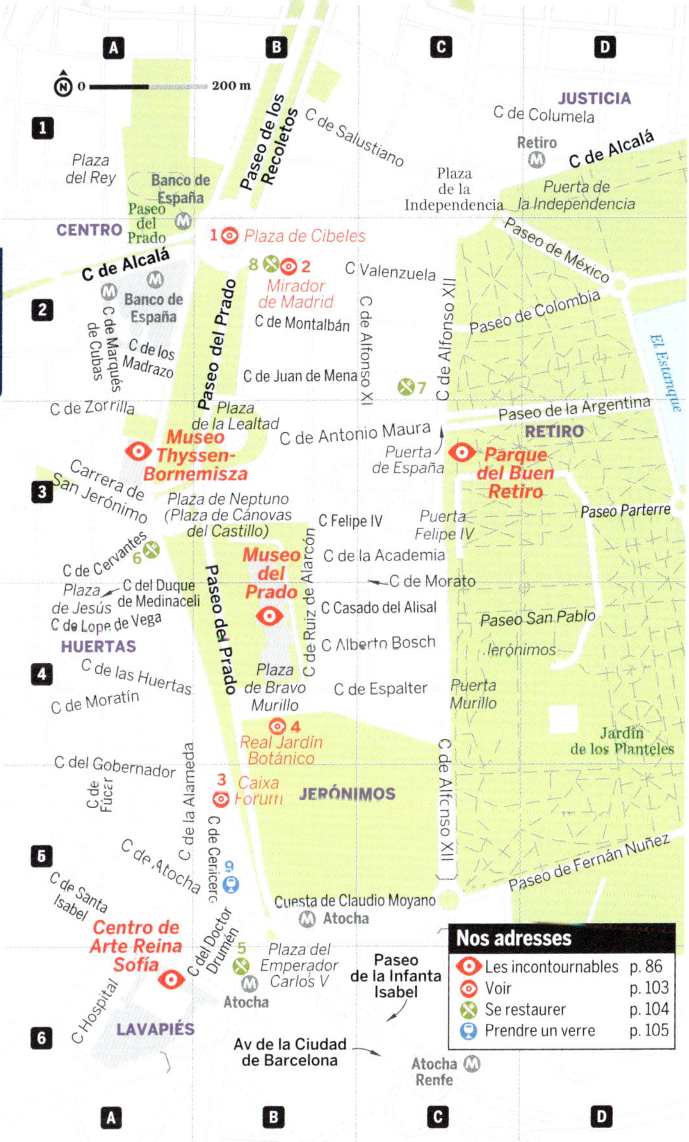
A
B
C
D
1
2
3
4
5
6
0
200 m
JUSTICIA
C de Columela
Retiro
C de Alcalá
Puerta de la Independencia
Plaza de la Independencia
C de Salustiano
Paseo de los Recoletos
Plaza del Rey
Banco de España
Paseo del Prado
CENTRO
1 Plaza de Cibeles
C de Alcalá
8 2 Mirador de Madrid
C Valenzuela
Paseo de México
Paseo de Colombia
El Estanque
Banco de España
C de Marqués de Cubas
C de los Madrazo
Paseo del Prado
C de Montalbán
C de Alfonso XII
C de Alfonso XII
C de Juan de Mena
7
C de Zorrilla
Plaza de la Lealtad
Museo Thyssen-Bornemisza
C de Antonio Maura
Paseo de la Argentina
RETIRO
Puerta de España
Parque del Buen Retiro
Carrera de San Jerónimo
Plaza de Neptuno (Plaza de Cánovas del Castillo)
C Felipe IV
Puerta Felipe IV
Paseo Parterre
C de Cervantes
6
Museo del Prado
C de la Academia
C de Morato
Plaza de Jesús
C del Duque de Medinaceli
C de Lope de Vega
C Casado del Alisal
Paseo San Pablo
HUERTAS
C de Ruiz de Alarcón
C Alberto Bosch
Jerónimos
C de las Huertas
Paseo del Prado
Plaza de Bravo Murillo
C de Espalter
Puerta Murillo
C de Moratín
4 Real Jardín Botánico
Jardín de los Planteles
C del Gobernador
C de Fúcar
C de la Alameda
3 Caixa Forum
JERÓNIMOS
C de Alfonso XII
C de Cervantes
C de Atocha
9
Paseo de Fernán Nuñez
C de Santa Isabel
Cuesta de Claudio Moyano
Atocha
Centro de Arte Reina Sofía
C del Doctor Drumén
5
Plaza del Emperador Carlos V
Paseo de la Infanta Isabel
Atocha
C Hospital
LAVAPIÉS
Av de la Ciudad de Barcelona
Atocha Renfe
Nos adresses
Les incontournables p. 86
Voir p. 103
Se restaurer p. 104
Prendre un verre p. 105

Voir

Plaza de Cibeles

PLACE

1 PLAN P. 102, B2

De tous les ronds-points du Paseo del Prado, la Plaza de Cibeles, entourée de bâtiments imposants, incarne le mieux la splendeur du Madrid impérial. Le **Palacio de Comunicaciones** (Palacio de Cibeles ; 91 480 00 08 ; www.centrocentro.org ; Plaza de la Cibeles 1 ; gratuit ; 10h-20h mar-dim ; M Plaza de España) est le plus bel édifice. Entre autres monuments importants, remarquez le **Palacio de Linares** et la **Casa de América** (91 595 48 00, réservations 902 221424 ; www.casamerica.es ; Plaza de la Cibeles 2 ; tarif plein/étudiant ou senior/enfant 8/5 €/gratuit ; visites guidées 11h, 12h et 13h sam-dim sept-juil, horaires réduits août, billetterie 10h-15h et 16h-20h lun-ven ; M Banco de España), le **Palacio Buenavista** (Plaza de la Cibeles ; M Banco de España) et la **Banco de España** (Banque nationale ; Calle de Alcalá 48). Au centre, la spectaculaire fontaine de la déesse Cybèle est une des plus jolies de Madrid et un des symboles de la ville. (M Banco de España)

Mirador de Madrid

POINT DE VUE

2 PLAN P. 102, B2

Pour avoir la plus belle vue sur la capitale, montez en haut du Palacio de Comunicaciones. On distingue à l'ouest la Plaza de Cibeles et, plus loin, le superbe Edificio Metrópolis, puis les montagnes. Achetez votre billet en haut des marches, prenez l'ascenseur pour le 6e étage, et poursuivez avec un autre ascenseur ou par les escaliers jusqu'au 8e étage. Entrée toutes les demi-heures environ. (www.centrocentro.org ; 8e ét, Palacio de Comunicaciones, Plaza de la Cibeles ; adulte/enfant 2/0,50 € ; 10h30-13h30 et 16h-19h mar-dim ; M Banco de España)

Caixa Forum

MUSÉE, BÂTIMENT

3 PLAN P. 102, B5

Les architectes Herzog & de Meuron ont admirablement réaménagé une ancienne centrale électrique. Cet édifice tout en brique est surmonté d'un étonnant toit en fer rouillé. Sur une de ses façades pousse un jardin vertical (*jardín colgante*) haut de presque 7 étages conçu par le Français Patrick Blanc. Le bâtiment comprend 4 niveaux d'exposition où l'acier inoxydable tient une place prépondérante. Les expositions valent toujours le détour et comprennent photographie, peinture contemporaine et installations multimédias. (91 330 73 00 ; www.obrasociallacaixa.org/en/cultura/caixaforum-madrid/que-hacemos ; Paseo del Prado 36 ; adulte/enfant 4 €/gratuit ; 10h-20h ; M Atocha)

Real Jardín Botánico

JARDINS

4 PLAN P. 102, B5

S'ils n'égalent ni l'immensité ni la popularité du Parque del Buen Retiro, les jardins botaniques de Madrid sont une oasis de verdure

en plein centre-ville. Avec quelque 30 000 espèces rassemblées sur une surface relativement réduite (8 ha), il s'agit plus d'un endroit pour flâner que pour paresser sous un arbre, bien que des bancs y soient installés.

Au centre s'élève une statue de Charles III, qui déménagea ici en 1781 ces jardins situés à l'origine à El Huerto de Migas Calientes, sur les berges du Río Manzanares. Côté est, le **Pabellón Villanueva** programme régulièrement des expositions : les horaires sont les mêmes que ceux des jardins et l'entrée est en général gratuite. Des **visites guidées** en espagnol sont proposées ; réservation par téléphone indispensable. (Jardin botanique royal ; 91 420 04 38 ; www.rjb.csic.es ; Plaza de Bravo Murillo 2 ; adulte/enfant 4 €/gratuit ; 10h-21h mai-août, jusqu'à 20h avr et sept, jusqu'à 19h mars et oct, jusqu'à 18h nov-fév ; M Atocha)

Se restaurer

El Brillante

ESPAGNOL €

5 PLAN P. 102, B6

Situé à côté du Centro de Arte Reina Sofía, ce bar-restaurant simple et spacieux est une véritable institution à Madrid. On y vient pour les *bocadillos* (sandwichs) – le *bocadillo de calamares* fait partie des références depuis plus d'un demi-siècle – et les *raciones* (grosses portions de tapas) sans chichis. L'établissement est aussi connu pour servir un bon *chocolate con churros* ou *porras* (chocolat chaud et beignets) tard dans la nuit : parfait pour finir une soirée arrosée. (91 528 69 66 ; Plaza del Emperador Carlos V ; bocadillos 4,50-7 €, raciones 7,50-13 € ; 7h30-2h30 sept-juil ; M Atocha)

Estado Puro

TAPAS €€

6 PLAN P. 102, A3

Bar chic mais décontracté, l'Estado Puro sert des tapas fantastiques, comme la *tortilla española siglo XXI* ("l'omelette espagnole du XXIe siècle", servie en verrine), les œufs de caille sauce soja ou les pieds de porc aux nouilles de seiche. La cuisine est supervisée par Paco Roncero, le chef de La Terraza del Casino (p. 75), qui a fait ses armes auprès du maître Ferran Adrià. (91 330 24 00 ; www.tapasenestadopuro.com ; Plaza de Neptuno/Plaza de Cánovas del Castillo 4 ; tapas 4,50-12,50 €, plats 14-20 € ; 12h-minuit ; M Banco de España, Atocha)

Viridiana

NOUVELLE CUISINE €€€

7 PLAN P. 102, C2

Le chef Abraham García est une célébrité madrilène dont la cuisine reflète la personnalité pétillante. Son menu est le résultat de beaucoup de créativité, de nombreuses influences internationales et d'un choix bien pensé de produits de qualité et de saison. (91 523 44 78 ; www.restauranteviridiana.com ; Calle de

Tapas de l'Estado Puro

Juan de Mena 14 ; plats 28-39 €, menú de degustación 100 € ; 13h30-16h et 20h-minuit ; M Banco de España)

Palacio de Cibeles ESPAGNOL €€€

8 PLAN P. 102, B2

Un des restaurants très courus de la capitale, perché au sommet de l'emblématique Palacio de Comunicaciones, sur la Plaza de Cibeles (voir 1 plan p. 102, B2). À sa tête, le chef Adolfo Muñoz choisit les basiques de la cuisine espagnole, leur apporte une touche façon Castille-La Manche, puis se laisse guider par son inspiration du moment… (91 523 14 54 ; www.palaciodecibeles.com ; 6e ét, Plaza de la Cibeles 1 ; plats 16-39 €, formules 38,50-55 € ; 13h-16h et 20h-minuit ; M Banco de España)

Prendre un verre

Teatro Kapital CLUB

9 PLAN P. 102, B5

Cet établissement sur 7 niveaux fait partie des gros clubs madrilènes les plus connus. Ici, il y en a vraiment pour tous les goûts : bars à cocktails, dance music, karaoké, salsa, hip-hop, espaces détente et même un bar à ciel ouvert sur le toit. Il y a aussi une Kissing Room ("salle à bisous") ! Attention, le personnel d'accueil a son caractère et n'hésite pas à refuser l'entrée à certains… (91 420 29 06 ; www.grupo-kapital.com ; Calle de Atocha 125 ; à partir de 17 € ; minuit-6h jeu-sam ; M Atocha)

JAVA
intimissimi
GENERAL OPTICA

Explorer Salamanca

Salamanca est le quartier le plus chic de Madrid. Il n'y a qu'ici que de beaux édifices luxueux (en retrait de la rue) partagent l'espace avec les boutiques des stylistes les plus célèbres, d'Espagne ou d'ailleurs. Et les grands restaurants, les bars à tapas design comme les musées ne manquent pas.

Si le quartier de Salamanca peut paraître intimidant par sa taille sur une carte, on le parcourt facilement à pied. La Calle de Serrano et la Calle de José Ortega y Gasset sont les deux principales artères commerçantes. Et pour le shopping, c'est logiquement dans ces deux rues que se trouvent les boutiques les plus intéressantes.

Salamanca compte bien sûr des bars et des boîtes de nuit, mais c'est surtout la journée que le quartier est vivant. En semaine, les bars à tapas et les restaurants sont assiégés à l'heure du déjeuner – la pause-midi peut aussi servir d'étape entre deux boutiques... C'est d'ailleurs la meilleure manière de découvrir la vie du quartier. Le soir, l'ambiance est bien plus calme et la plupart des passants viennent simplement dîner ici avant d'aller continuer leur soirée dans un autre quartier de la ville.

Comment y aller

M Les stations Serrano et Velázquez (toutes deux sur la ligne 4) ou Núñez de Balboa (lignes 4 et 5) sont les plus utiles – Núñez de Balboa est en hauteur, ce qui permet de n'avoir qu'à descendre... L'arrêt Gregorio Marañon (lignes 7 et 10) est idéal pour le musée Lázaro Galdiano. Ventas (lignes 2 et 5) est la station proche de la Plaza de Toros.

Plan de Salamanca p. 112

Shopping dans la Calle de Serrano ALEX SEGRE/ALAMY STOCK PHOTO ©

Les incontournables

Musée Lázaro Galdiano

En retrait par rapport à la rue, cette imposante demeure néoclassique du début du XXe siècle fut celle de José Lázaro Galdiano, un riche homme d'affaires et un grand mécène. Son inestimable collection privée, léguée à la ville après sa mort, réunit 13 000 œuvres et objets d'art – notamment des toiles des grands maîtres européens de la peinture. Environ un quart est exposé de manière permanente.

PLAN P. 112, B2

91 561 60 84

www.flg.es

Calle de Serrano 122

Tarif plein/réduit/enfant 6/3 €/gratuit, gratuit une heure avant la fermeture

10h-16h30 mar-sam, 10h-15h dim

M Gregorio Marañón

Les grands maîtres

Lázaro Galdiano acquit une quantité incroyable de chefs-d'œuvre au cours de sa vie – le musée en contient suffisamment pour être considéré comme l'un des mieux dotés de la ville ! Y sont conservées, entre autres, des œuvres de Francisco de Zurbarán, Claudio Coello, Jérôme Bosch, Bartolomé Esteban Murillo, Le Greco, Lucas Cranach et John Constable. Il y a même dans la salle 11 un tableau attribué à Diego Rodríguez de Silva Vélasquez.

Goya

Les peintures de Goya dominent la salle 13 ; le plafond de la salle 14, adjacente, expose un montage de quelques-uns de ses tableaux les plus célèbres. Certains sont facilement reconnaissables, comme *La Maja Desnuda* (La Maja nue), *La Maja Vestida* (La Maja vêtue) et les fresques peintes pour l'Ermita de San Antonio de la Florida (p. 138).

Collection de curiosités

Le musée conserve également des sculptures, des bronzes, des figurines, des bijoux, des céramiques, des meubles, des armes, etc. qui reflètent les nombreux centres d'intérêt de Lázaro Galdiano. Une exposition sur l'époque et le monde dans lequel vivait le collectionneur, comprenant des centaines d'objets venant du monde entier, occupe une grande partie du rez-de-chaussée. L'étage supérieur est encore plus riche en surprises.

Fresques et textiles

Le 1er étage est consacré à l'art espagnol. De nombreuses œuvres y sont exposées autour d'une ancienne salle de bal au plafond orné de superbes fresques. Ne manquez sous aucun prétexte la salle 24, au dernier étage, où sont conservés des textiles de toute beauté.

★ À savoir

- Le musée se trouve en haut d'une longue côte partant du centre de Salamanca – le mieux et de faire l'aller en métro et le retour à pied.
- À moins que cette collection ne vous intéresse particulièrement, les guides en vente à l'entrée ne sont pas très utiles.
- Dans chaque pièce, des photos permettent de voir à quoi ressemblait la demeure du temps de Galdiano.

Une petite pause ?

En face du musée, José Luis (p. 116) attire une clientèle de jeunes gens aisés venus consommer *tortilla de patatas* (omelette aux pommes de terre) et eau minérale.

Astrolabius (p. 115), juste à côté, propose des variations ludiques des classiques espagnols. C'est un bel endroit pour manger ou grignoter des tapas au bar.

Promenade à pied

Shopping dans les rues chics de Salamanca

Entre les créateurs que l'on ne présente plus et les marques espagnoles qui ne demandent qu'à être découvertes, Salamanca est le paradis des fashionistas. Ajoutez à cela d'excellentes boutiques pour gourmets et des bars à la fois sélects et décontractés, et vous obtenez tous les ingrédients pour une journée inoubliable.

La promenade :

Départ Camper ; M Serrano

Arrivée El Lateral ; M Núñez de Balboa, Velázquez

Distance 2,5 km

Durée 2-4 heures

❶ Camper

On ne présente pas **Camper** (☎91 578 25 60 ; www.camper.com ; Calle de Serrano 24 ; ⏲10h-21h lun-sam, 12h-20h dim ; Ⓜ Serrano), la célèbre marque majorquine, qui propose des chaussures de qualité, branchées, colorées et confortables.

❷ Agatha Ruiz de la Prada

La boutique d'**Agatha Ruiz de la Prada** (☎91 319 05 01 ; www.agatharuizdelaprada.com ; Calle de Serrano 27 ; ⏲10h-20h30 lun-sam ; Ⓜ Serrano), avec sa déferlante de couleurs, vaut le coup d'œil. La collection n'est pas que pour les enfants et comprend même des modèles plutôt sophistiqués.

❸ Bombonerías Santa

Quand les habitants du quartier sont invités à dîner chez des amis, ils passent d'abord chez Bombonerías Santa (p. 119). Craquez, vous aussi, pour ces chocolats savamment présentés.

❹ Manolo Blahnik

Le créateur de chaussures mondialement connu **Manolo Blahnik** (☎91 575 96 48 ; www.manoloblahnik.com ; Calle de Serrano 58 ; ⏲10h-14h et 16h-20h lun-sam ; Ⓜ Serrano) possède une boutique ici. Dans ce showroom de luxe, chaque chaussure est exposée comme une œuvre d'art.

❺ Restaurante Estay

En revenant légèrement sur vos pas, au sud-est, vous tomberez sur le bar du Restaurante Estay (p. 117), où des garçons en costume servent le *café con leche*. C'est une des meilleures adresses du quartier pour les tapas. Idéal pour une petite pause.

❻ Oriol Balaguer

Le chef pâtissier catalan Oriol Balaguer (p. 119) a remporté le prix du meilleur dessert du monde en 2001. En 2014, ses croissants ont été officiellement reconnus comme les meilleurs d'Espagne. Sa boutique est une petite galerie d'art dédiée aux créations pâtissières et à d'exquises collections cacaotées.

❼ Calle de José Ortega y Gasset

Les plus grands couturiers occupent ce que l'on appelle *la milla del oro* ("le kilomètre doré") dans la Calle de José Ortega y Gasset, vers l'angle de la Calle de Serrano. Giorgio Armani et Chanel se trouvent du côté sud de la rue ; Louis Vuitton et Cartier sur le trottoir d'en face. Et la rue est encore longue !

❽ El Lateral

Ce **bar à vin** (☎91 435 06 04 ; www.lateral.com ; Calle de Velázquez 57 ; tapas 1,55-9,80 €, raciones 7-13 € ; ⏲12h-1h dim-mer, 12h-2h jeu-sam ; Ⓜ Velázquez, Nuñez de Balboa) chic et branché cohabite avec nouveaux venus qui s'installent actuellement dans le quartier. Après une rude journée de shopping, c'est L'adresse où l'on vient se détendre.

A
B
C
D
E
F
1
2
3
4
0
400 m
Plaza del Doctor Marañón
C de Álvarez de Baena
C del Pinar
C de López de Hoyos
CASTELLANA
C de María de Molina
Av de América
Av de América
C Coslada
C de Ardemans
C de Béjar
C de Francisco Silvela
Gregorio Marañón
8
Museo Lázaro Galdiano
6
C del General Oráa
Glorieta de Emilio Castelar
CHAMBERÍ
C de Serrano
C de Claudio Coello
C de Lagasca
C de Velázquez
C de Núñez de Balboa
C de Castelló
C del Príncipe de Vergara
C de Diego de León
C de Maldonado
C de Rafael Calvo
Glorieta de Rubén Darío
Rubén Darío
Museo de Escultura al Aire Libre
1
C de Juan Bravo
Núñez de Balboa
14
C de Juan Bravo
Diego de León
C de Jenner
C de Padilla
SALAMANCA
4
Fundación Juan March
C del General Díaz Porlier
C de Padilla
ALMAGRO
C de José Ortega y Gasset
17
Núñez de Balboa
23
Lista
C de José Ortega y Gasset

Nos adresses
Les incontournables p. 108
Voir p. 114
Se restaurer p. 115
Prendre un verre p. 117
Shopping p. 118
A B C D E F
5 6 7 8
Paseo de la Castellana
Paseo de los Recoletos
C de Zurbarán
C de Fernando el Santo
C del Marqués de Villamagna
C de Serrano
C de Claudio Coello
C de la Hermosilla
C de Ayala
Mercado de la Paz
RECOLETOS
C de Goya
C de Jorge Juan
C de Villanueva
JUSTICIA
C del Conde de Aranda
Lab Room Spa
C de Columela
C de Alcalá
C de los Recoletos
C del Cid
C de Salustiano
Plaza de la Independencia
Retiro
Parque del Buen Retiro
Paseo del Duque de Fernán Nuñez
Av de Menéndez Pelayo
C de O'Donnell
C del General Díaz Porlier
C del Duque de Sesto
C de Narváez
Plaza de Salvador Dalí
GOYA
Goya
Colón
Serrano
Jardines del Descubrimiento
Biblioteca Nacional et Museo del Libro
Museo Arqueológico Nacional
Velázquez
C de Velázquez
C de Núñez de Balboa
C de Castelló
C del Príncipe de Vergara
Príncipe de Vergara
C del General Pardiñas
C del Conde de Peñalver
C de Don Ramón de la Cruz
C de Alcátara
1 2 3 5 7 9 10 11 12 13 15 16 18 19 20 21 22 24

Voir

Museo de Escultura al Aire Libre

MUSÉE

1 PLAN P. 112, B3

Cette collection de 17 sculptures abstraites exposées en plein air comprend des œuvres du célèbre Eduardo Chillida, de Joan Miró, ainsi que d'Eusebio Sempere et d'Alberto Sánchez, un des plus grands sculpteurs espagnols du XXe siècle. Les sculptures sont cachées sous le pont routier au croisement du Paseo de Eduardo Dato et du Paseo de la Castellana. Les traces de pollution dues aux voitures et les fientes de pigeon leur donnent un charme singulier… Toutes sauf une sont situées sur le côté est du Paseo de la Castellana. (Paseo de la Castellana ; gratuit ; 24h/24 ; M Rubén Darío)

Mercado de la Paz

Bien que ce soit un des rares marchés de Madrid à s'être embourgeoisé ces dernières années, le **Mercado de la Paz** (carte p. 112, C5 ; 91 435 07 43 ; www.mercadolapaz.es ; près de la Calle de Ayala ; 9h-14h30 et 17h-20h lun-ven, 9h-14h30 sam ; M Serrano) reste très local. Fruits et légumes, viande et poisson sont à l'honneur ; on trouve aussi toutes sortes d'autres produits et des plats à emporter (notamment de la charcuterie et du fromage).

Museo Arqueológico Nacional

MUSÉE

2 PLAN P. 112, B7

Le superbe musée national d'Archéologie a rouvert ses portes après une rénovation d'envergure. La collection explore l'histoire de l'Espagne, notamment à travers de somptueuses mosaïques issues de différentes villas romaines de la péninsule, des objets datant de l'époque musulmane et mudéjare, des statuettes telles que la *Dama de Ibiza* et la *Dama de Elche*, des exemples d'architecture romane et gothique, ainsi qu'une réplique partielle des peintures rupestres de la grotte d'Altamira en Cantabrie. (91 577 79 12 ; www.man.es ; Calle de Serrano 13 ; 3 €, 14h-20h sam et 9h30-12h dim gratuit ; 9h30-20h mar-sam, 9h30-15h3 dim ; M Serrano)

Biblioteca Nacional de España et Museo del Libro

BIBLIOTHEQUE, MUSÉE

3 PLAN P. 112, A7

La bibliothèque nationale (1892), qui domine le sud de la Plaza de Colón, est sans doute l'édifice le plus impressionnant élevé au XIXe siècle sur le Paseo de los Recoletos. Les bibliophiles ne manqueront pas le musée, situé en bas (entrée distincte). La visite interactive présente des presses à imprimer et d'autres machines, des manuscrits enluminés, ainsi que l'histoire des cafés littéraires et de la bibliothèque.

(☎91 580 78 05 ; www.bne.es ; Paseo de los Recoletos 20 ; gratuit ; ⏱bibliothèque 9h-21h lun-ven, 9h-14h sam mi-sept à mi-juin, 9h-19h30 lun-ven mi-juin à mi-sept, musée 10h-20h mar-sam, 10h-14h dim ; M Colón)

Fundación Juan March

CENTRE CULTUREL

4 PLAN P. 112, D4

Les expositions temporaires de cette fondation sont excellentes ; consultez le site Internet pour la programmation. Des concerts très divers et d'autres événements s'y tiennent également toute l'année. (☎91 435 42 40 ; www.march.es ; Calle de Castelló 77 ; gratuit ; ⏱11h-20h lun-sam, 10h-14h dim et jours fériés ; M Núñez de Balboa)

Lab Room Spa

SPA

5 PLAN P. 112, B8

Spa et salon de beauté de luxe ayant compté Penélope Cruz, Jennifer Lopez, Gwyneth Paltrow et Gael García Bernal parmi ses clients, le Lab Room n'est pas loin de la perfection pour les petits soins, pour hommes comme pour femmes. Séances de maquillage, massages, soins du visage et du corps, etc. Surprise : les prix ne sont pas exorbitants. (☎91 431 21 98 ; www.thelabroom.com ; Calle de Claudio Coello 13 ; ⏱11h-20h lun-ven, jusqu'à 19h sam ; M Retiro)

Préparer son pique-nique

Mallorca (p. 166) vend d'excellents plats à emporter, parfaits pour un pique-nique au Parque del Buen Retiro, qui commence juste au sud du quartier de Salamanca.

Se restaurer

Astrolabius

FUSION €€

6 PLAN P. 112, B2

Situé dans la partie nord de Salamanca, cet excellent établissement pratique une philosophie simple : prendre des recettes de grand-mère et laisser les petits-enfants s'en emparer. Résultat : un délicieux mélange de saveurs, par exemple des *tempura* de petits calamars de Galice accompagnés d'un aïoli d'herbes fraîches. Ambiance feutrée et moderne mais relax, comme Madrid en a le secret. (☎91 562 06 11 ; www.astrolabiusmadrid.com ; Calle de Serrano 118 ; plats 10-25 € ; ⏱13h-16h et 20h30-minuit mar-sam, fermé en août ; M Núñez de Balboa)

Platea

ESPACE GASTRONOMIQUE €€

7 PLAN P. 112, B6

L'ancien théâtre Carlos III, a été transformé en un spectaculaire complexe gastronomique où l'ambiance est parfois presque burlesque ! 12 restaurants, 3 épiceries fines et plusieurs bars à cocktails. (☎91 577 00 25 ; www.plateamadrid.com ; Calle de Goya 5-7 ; ⏱12h30-0h30 dim-mer, 12h30-2h30 jeu-sam ; M Serrano, Colón)

Le rendez-vous des politiques

La propriétaire de La Cocina de María Luisa (soit María Luisa Banzo) occupait un poste important dans le gouvernement conservateur de José María Aznar (Parti populaire). Ouvrez l'œil : vous verrez peut-être ici l'ancien Premier ministre et bien d'autres personnalités.

José Luis

ESPAGNOL **€€**

8 PLAN P. 112, B1

Le groupe José Luis possède plusieurs établissements dans la capitale, réputés pour leur amour de la tradition espagnole. La *tortilla de patatas* est considérée par beaucoup comme la meilleure de Madrid ; l'*ensaladilla rusa* (salade russe) et les *croquetas* méritent aussi le détour. L'ambiance du restaurant de la Calle de Serrano, fréquenté par de jeunes cadres en costume, est un peu guindée, à l'image du quartier… (☎ 91 563 09 58 ; www.joseluis.es ; Calle de Serrano 89 ; tapas à partir de 5 € ; 🕐 8h30-1h lun-ven, 9h-1h sam, 12h30-1h dim ; M Gregorio Marañón)

Biotza

BASQUE, TAPAS **€€**

9 PLAN P. 112, B7

C'est l'endroit idéal à Madrid pour déguster des *pintxos* (tapas basques) originaux dont seuls les Basques ont le secret. L'ambiance est joyeuse, et l'équilibre est parfait entre les tapas à la mode de Saint-Sébastien et le décor madrilène vert pâle et rouge sombre avec des bancs d'angle originaux. L'addition monte vite mais l'établissement mérite vraiment une petite folie. (☎ 91 781 03 13 ; Calle de Claudio Coello 27 ; pintxos 2,80-3,40 €, raciones à partir de 6 €, menu à partir de 18 € ; 🕐 13h-16h30 et 20h30-minuit lun-sam ; M Serrano)

La Cocina de María Luisa

CASTILLAN **€€€**

10 PLAN P. 112, D7

Le restaurant de l'ancienne parlementaire María Luisa Banzo jouit d'une des clientèles les plus fidèles du quartier. On y propose un voyage culinaire soigné à travers la Castille-et-León, accompagné de vins régionaux soigneusement sélectionnés et d'un décor rustique qui ajoute encore de la chaleur au lieu. La spécialité de la maison est une recette héritée de la mère de María Luisa : les pieds de porc farcis à la viande et aux truffes noires de Soria. (☎ 91 781 01 80 ; www.lacocinademarialuisa.es ; Calle de Jorge Juan 42 ; plats 18-27 € ; 🕐 13h30-16h et 21h-minuit lun-sam sept-juil ; M Velázquez)

Mallorca

BOULANGERIE **€**

11 PLAN P. 112, B8

Pour un délicieux repas à emporter, faites un saut chez Mallorca, incontournable à Madrid. Ici, des plats gourmands aux en-cas et aux sucreries, tout est délicieux ! (☎ 91 577 18 59 ; www.pasteleria-mallorca.com ; Calle de Serrano 6 ; plats 7-12 € ; 🕐 9h-21h ; M Retiro)

Restaurante Estay

TAPAS €€

12 PLAN P. 112, D6

Le Restaurante Estay est à la fois un bar espagnol traditionnel, avec serveurs en costume et *café con leche*, et un des bars à tapas les plus appréciés du quartier. La grande carte de tapas chaudes et froides propose surtout les grands classiques espagnols, mais aussi quelques associations novatrices. On y sert également le petit-déjeuner. (☎91 578 04 70 ; www.estayrestaurante.com ; Calle de Hermosilla 46 ; tapas 1,90-4,40 €, formule 6 tapas à partir de 15 € ; ⌚8h-minuit lun-jeu, jusqu'à 1h30 ven, 9h-1h30 sam ; Ⓜ Velázquez)

Prendre un verre

Gabana 1800

CLUB

13 PLAN P. 112, C7

Ici, la clientèle est huppée et on y croise toujours un ou deux *famosos* (célébrités), ce qui fait du Gabana 1800 un lieu tout à fait dans le ton du quartier. Le fait que cette adresse ait tenu alors que bien d'autres ont dû fermer s'explique surtout par l'immense choix de boissons, par la programmation sans cesse renouvelée de DJ connus et par une sélection plutôt stricte à l'entrée : il est donc conseillé de se mettre sur son trente-et-un. (☎91 575 18 46 ; www.gabana.es ; Calle Velázquez 6 ; entrée 15 € ; ⌚minuit-5h30 mer-sam ; Ⓜ Retiro)

À l'intérieur du Platea (p. 115)

Almonte
CLUB

14 PLAN P. 112, D3

Si le flamenco vous donne autant envie de danser qu'il vous émeut, venez dans ce club qui porte le nom d'une ville d'Andalousie, berceau du flamenco. La soirée s'ouvre par un spectacle, puis des jeunes gens séduisants viennent y danser des *sevillanas* (une danse traditionnelle). (91 563 25 04 ; www.almontesalarociera.com ; Calle de Juan Bravo 35 ; 23h-5h dim-ven, 22h-6h sam ; M Núñez de Balboa, Diego de León)

Geographic Club
BAR

15 PLAN P. 112, E7

Vitraux, objets du monde entier et ambiance relax : le Geographic Club est une excellente adresse pour un apéritif à Salamanca – laissez-vous tenter par un des 30 cocktails tropicaux de la carte. Remarquez la table construite à partir d'une vieille nacelle de montgolfière et ne manquez pas le pub à l'étage inférieur. (91 578 08 62 ; www.thegeographicclub.es ; Calle de Alcalá 141 ; 13h-2h dim-jeu, 13h-3h ven-sam ; M Goya)

Shopping

Mantequería Bravo
ÉPICERIE FINE

16 PLAN P. 112, B5

La belle façade ancienne cache un paradis pour gastronomes : fromages, saucissons, vins et cafés, entre autres. Les produits vendus font d'excellents cadeaux, mais ils sont si irrésistibles que l'on a du mal à s'en séparer ! La Mantequería Bravo a remporté il y a peu le prix de la meilleure épicerie fine de Madrid. (91 575 80 72 ; www.bravo1931.com ; Calle de Ayala 24 ; 9h30-14h30 et 17h30-20h30 lun-ven, 9h30-14h30 sam ; M Serrano)

Balenciaga
MODE, ACCESSOIRES

17 PLAN P. 112, C4

Vitrine de la célèbre marque basque Balenciaga, cette boutique possède une somptueuse déco tout en marbre et en pierre. (91 419 99 00 ; www.balenciaga.com ; Calle de Lagasca 75 ; 10h30-20h lun-sam ; M Núñez de Balboa)

Isolée
CONCEPT-STORE

18 PLAN P. 112, B5

Les concept-stores ont mis du temps à s'installer à Madrid ; mais ils font désormais fureur ! Aucun n'est plus chic qu'Isolée, qui est aussi le plus ancien. On y propose toute une sélection d'articles branchés : vêtements, chaussures, CD et même un coin épicerie. (902 876136 ; www.isolee.com ; Calle de Claudio Coello 55 ; 11h-20h30 lun-ven, 11h-21h sam ; M Serrano)

Ekseption & Eks
MODE, ACCESSOIRES

19 PLAN P. 112, C6

Cette belle boutique multimarques donne une idée des dernières tendances. On y trouve des modèles de défilés, ainsi que des tenues plus décontractées bien que toujours très sophistiquées. Le chic urbain est à l'honneur, avec

des marques comme Balenciaga, Givenchy, Prada Sport, Marc Jacobs et Dries Van Noten. (91 361 97 76 ; www.ekseption.es ; Calle de Velázquez 28 ; 10h30-14h30 et 16h30-20h30 lun-sam ; M Velázquez)

Purificación García

MODE, ACCESSOIRES

20 PLAN P. 112, B6

Quelle que soit la tendance, Puri s'en sort à merveille ! La collection (hommes et femmes), élégante et maîtrisée, se porte aussi bien au bureau que pour un mariage. (91 435 80 13 ; www.purificaciongarcia.com ; Calle de Serrano 28 ; 10h-20h30 lun-sam ; M Serrano)

De Viaje

LIVRES

21 PLAN P. 112, B5

On trouve dans la plus grande librairie de voyage de Madrid beaux livres, guides et littérature de voyage. Toutes les régions du monde sont couvertes, avec une majorité de titres en espagnol, mais aussi certains en anglais. Personnel serviable. Il y a aussi une agence de voyages. (91 577 98 99 ; www.deviaje.com ; Calle de Serrano 41 ; 10h-20h30 lun-ven, 10h30-14h30 et 17h-20h sam ; M Serrano)

Bombonerías Santa

PÂTISSERIES, CHOCOLATS

22 PLAN P. 112, B5

Si le plaisir des yeux est pour vous aussi important que celui des papilles, vous aimerez les succulents chocolats de cette minuscule boutique. Les emballages sont à la mesure de leur charme, mais ils ne sont pas donnés – comptez environ 60 € le kilo de chocolat. (91 576 76 25 ; www.bombonerias-santa.com ; Calle de Serrano 56 ; 10h-14h et 17h-20h30 lun, 10h-20h30 mar-sam, horaires réduits en juil et août ; M Serrano)

Oriol Balaguer

CHOCOLATS

23 PLAN P. 112, E4

Le chef pâtissier catalan Oriol Balaguer possède un formidable CV : il a officié dans les cuisines de Ferran Adrià en Catalogne et remporté le prix du meilleur dessert au monde (les "sept textures du chocolat"). Sa chocolaterie ressemble à une petite galerie d'art dédiée aux œuvres pâtissières et à d'exquises collections cacaotées. (91 401 64 63 ; www.oriolbalaguer.com ; Calle de José Ortega y Gasset 44 ; 9h-20h30 lun-ven, 10h-20h30 sam, 10h-14h30 dim ; M Núñez de Balboa)

Cuarto de Juegos

JOUETS, JEUX

24 PLAN P. 112, D7

Dans ce magasin de jouets, il n'y a pas d'objets fonctionnant avec des piles mais toutes sortes de jeux de société et de puzzles. On y trouve les grands classiques comme les dames et le backgammon, mais aussi bien d'autres choses, et pas seulement pour les petits ! (91 435 00 99 ; www.cuartodejuegos.es ; Calle de Jorge Juan 42 ; 10h-20h30 lun-ven, 10h30-14h et 17h-20h sam ; M Velázquez, Príncipe de Vergara)

Vaut le détour

Plaza de Toros et Museo Taurino

La Plaza de Toros Monumental de Las Ventas (communément appelée Las Ventas) sont les arènes les plus prestigieuses à la fois en Espagne et dans le monde. Leur visite constitue une excellente introduction à la tauromachie. Et pour ceux que la corrida n'intéresserait pas, l'architecture du bâtiment mérite vraiment le détour.

91 356 22 00
www.las-ventas.com
Calle de Alcalá 237
Gratuit
10h-17h30
M Ventas

Architecture

Avec une capacité d'accueil de près de 25 000 places, Las Ventas fait partie des plus grandes arènes du monde, construites en 1931 dans un style néomudéjar (style mauresque) grandiose. La visite permet d'entrer dans les gradins entourant la vaste piste de sable.

Puerta de Madrid

La Puerta de Madrid ou Puerta Grande, au style résolument mauresque, est surnommée à juste titre "porte de la gloire" : le public madrilène a la réputation d'être le plus exigeant d'Espagne et s'il porte un torero en vainqueur par la porte, c'est que ce dernier a véritablement réalisé une performance exceptionnelle...

Visites guidées

On peut explorer les arènes de manière indépendante, mais les **visites guidées** (☎687 739032 ; www.lasventastour.com ; adulte/enfant 13/10 € ; ⏲10h-17h30, jours de course de taureaux 10h-13h30 ; M Ventas) valent vraiment la peine. On fait un tour complet des arènes, on foule le sable, on entre dans la loge royale... Circuits sur réservation uniquement – certains sont en français, renseignez-vous.

Museo Taurino

Situé dans les arènes, le **Museo Taurino** (☎91 725 18 57 ; www.las-ventas.com ; Calle de Alcalá 237 ; gratuit ; ⏲10h-17h30 ; M Ventas) occupe un espace récemment rénové dans le Patio de Caballos, une des deux cours jouxtant la piste. Il est dédié à l'art de la tauromachie et aux toreros légendaires, notamment Manolete. On peut y voir une belle collection d'accessoires et de costumes (le *traje de luces* ou habit de lumière). La visite permet de plonger dans l'histoire et la tradition de la tauromachie et de s'en faire une idée plus concrète.

★ Bon à savoir

- Même si vous êtes contre la corrida, il faut visiter les arènes pour leur architecture et pour en savoir plus sur la tauromachie.
- Profitez de la visite pour discuter avec les guides du caractère polémique de la corrida.

✕ Une petite pause ?

Dans la Calle de Alcalá se trouvent de nombreux bars et restaurants typiques, très animés les jours de corrida.

La **Casa Toribio** (www.restaurantecasatoribio.com ; Calle Cardenal Belluga 14 ; plats 50-75 € ; ⏲13h-18h dim-jeu, 13h-minuit ven-sam ; M Ventas) est l'adresse la plus connue pour manger du *rabo de toro* (queue de taureau).

Aller au Geographic Club (p. 118) dans Salamanca implique de marcher un peu, mais il n'y a presque que de la descente, et ce bar est parfait pour s'arrêter prendre un verre.

ESPEC
DOLOR DE MUELAS
ODONTÁLGICO
"JUANSE"
PRECIO 0'50
MARDOMINGO
XXIV
PARA LA LIMPIEZA DE BOCA Y DIENTES ETC. USEN EL
PERBORATO DE SOSA AROMATIZADO "JUANSE"
BEBIDAS REFRESCANTES!!
·LIMONADA ORGÁNICA
NARANJADA
·ZUMOS/DETOX
·VERMUTH
·TINTO DE VERANO
·1925, CORONITA...
DISFRUTA DE TU
ELIXIR
FAVORITO

Explorer

Malasaña et Chueca

C'est dans Malasaña et Chueca, deux quartiers du centre, que l'on peut découvrir le vrai visage de Madrid et la vie des Madrilènes, loin des grands sites touristiques, certes superbes mais aussi un peu figés.

À Malasaña et à Chueca, les journées sont plutôt tranquilles, excepté à l'heure du déjeuner, quand tout le monde se presse vers son bar à tapas ou son restaurant favori et que c'est un peu la foire d'empoigne ! La vie nocturne, en revanche, y est vraiment trépidante ; les bars, les restaurants et les clubs comptent parmi les plus courus de la ville. Les boutiques tendance sont ici aussi très nombreuses.

Marquant la frontière entre les deux, la Calle de Fuencarral est une artère animée, en grande partie piétonne. Côté ouest, Malasaña, l'ancien Q. G. des artistes de la Movida, est resté très attaché à son histoire et est aujourd'hui encore plutôt alternatif. Côté est, Chueca se révèle hyper-branché. C'est aussi le quartier gay de la ville, mais "hétéro-friendly" comme disent les Madrilènes. Les nuits y sont totalement déjantées.

Comment y aller

M La station Chueca (ligne 5) se trouve en plein cœur du quartier éponyme ; son équivalent à Malasaña est l'arrêt Tribunal (lignes 1 et 10), également pratique pour aller au centre culturel Conde-Duque. Les stations San Bernardo, Bilbao, Alonso Martínez, Gran Vía et Santo Domingo desservent aussi les deux quartiers.

Plan de Malasaña et de Chueca p. 126

Un bar dans le quartier de Malasaña JJFARQ/SHUTTERSTOCK ©

Promenade à pied

Contre-culture à Malasaña

L'esprit de la Movida est aujourd'hui encore très présent dans les bars, clubs et boutiques branchées du quartier de Malasaña – il faut dire que c'est ici qu'est née cette révolution culturelle et sociale dans les années 1980. À ce Malasaña vintage et alternatif se superpose un visage "nouveau" et tout aussi séduisant, les deux étant liés par un même fil conducteur : la volonté de se réapproprier le passé pour mieux inventer le futur.

La promenade :

Départ Retro City ; M Tribunal

Arrivée Plaza Dos de Mayo ; M Tribunal

Distance 1,5 km

Durée 2-3 heures

❶ Retro City

Chez **Retro City** (Calle de Corredera Alta de San Pablo 4 ; ⏲12h-14h30 et 17h30-21h lun-sam), le vintage règne et redonne vie aux couleurs des années 1970-1980. Si d'autres boutiques du quartier ont opté pour le look "bad boy rebelle", Retro City fait dans la nostalgie.

❷ Snapo

Pied de nez à la mode dominante, **Snapo** (☎91 017 16 72 ; www.snaposhoponline.com ; Calle del Espíritu Santo 6 ; ⏲11h-14h et 17h-20h30 lun-sam ; M Tribunal) illustre bien l'esprit contestataire de Malasaña : une des lignes de vêtements s'appelle Fucking Bastardz Inc. On trouve ici jeans, casquettes et vestes, mais c'est pour les T-shirts que l'on vient.

❸ Lolina Vintage Café

Le petit **Lolina Vintage Café** (www.lolinacafe.com ; Calle del Espíritu Santo 9 ; ⏲10h-minuit dim-jeu, 10h-2h30 ven-sam ; M Tribunal) cultive l'esprit vintage du quartier avec sa déco rétro très travaillée : chaises et canapés d'époque, miroirs dorés et papier peint façon années 1970).

❹ Casa Julio

S'il fallait élire les meilleures *croquetas* de Madrid, la **Casa Julio** (Calle de la Madera 37 ; 6/12 croquetas 6/12 € ; ⏲13h-15h30 et 18h30-23h lun-sam sept-juil ; M Tribunal) obtiendrait facilement le prix. Outre les traditionnelles au *jamón*, on y sert des variantes plus originales.

❺ Bar Palentino

Le **Bar Palentino** (☎91 532 30 58 ; Calle del Pez 8 ; bocadillos 2,50 € ; ⏲7h-14h lun-sam ; M Noviciado) attire les jeunes comme les moins jeunes. Cet établissement sans âge doit son charme à ses vieilles tables et à ses propriétaires, María Dolores et Casto.

❻ Tupperware

Pilier de Malasaña, le **Tupperware** (www.tupperwareclub.com ; Calle de la Corredera Alta de San Pablo 26 ; ⏲21h-3h lun-mer, 20h-3h30 jeu-sam, 20h-3h dim ; M Tribunal) attire une clientèle de trentenaires, passe du rock indé ponctué d'un peu de soul et de grands classiques des années 1960-1970, le tout dans une atmosphère très kitsch.

❼ La Vía Láctea

Vestige plein de vie et délicieusement grunge de la Movida, **La Vía Láctea** (www.facebook.com/lavialacteabar ; Calle de Velarde 18 ; ⏲20h-3h dim-jeu, 20h-3h30 ven-sam ; M Tribunal) est un incontournable à Malasaña. La clientèle est décontractée ; la musique oscille entre rock, pop, garage, rockabilly et indé.

❽ Plaza del Dos de Mayo

La journée, on vient sur la place en famille ou pour y promener son chien. La nuit, les fêtards des bars voisins s'y pressent pour célébrer la liberté d'un Madrid plein de vie. C'est le véritable cœur du quartier de Malasaña.

A
B
C
D
1
2
3
4
5
6
C de Alberto Aguilera
C de Santa Cruz de Marcenado
C del Conde Duque
San Bernardo
Glorieta de Ruiz Jiménez
C de Carranza
C de Manuela Malasaña
C de los Mattires de Alcalá
Museo Municipal de Arte Contemporáneo
3
CONDE DUQUE
C de Montserrat
C de San Bernardo
C del Divino Pastor
8
C de Ruiz
C de San Andrés
Plaza Guardias de Corps
C de Quiñones
C de Bernardo López García
C del Acuerdo
C de Daoiz
Plaza del Dos de Mayo
C de
Ventura Rodríguez
Travesía del Conde Duque
C de Norte
C de la Palma
MALASAÑA
C de la Princesa
C de Amaniel
C del Noviciado
C de San Vicente Ferrer
C del Espíritu Santo
20
Noviciado
C de San Bernardino
Plaza de Juan Pujol
C del Tesoro
Plaza de Emilio Jiménez Millas
C del Maestro Guerrero
Plaza de España
C de los Reyes
Noviciado
4
C de la Marqués de Santa Ana
C Jesús del Valle
C de Andrés Borrego
18
C de Manzana
C del Pez
C del Molino de Viento
Plaza de España
C de Antonio Grilo
C de San Bernardo
C de Pizarro
26
10
Plaza de España
Cuesta de San Vicente
C Parada
Plaza Carlos Cambronero
Gran Vía
C del Río
C de la Luna
C de la Corredera Baja de San Pablo
C del Reloj
C del Fomento
C de Leganitos
C de Bailén
C de la Flor Alta
C de Silva
C de la Ballesta
C del Loreto y Chicote
Santo Domingo
Plaza de la Marina Española
C de Torija
C de Tudescos
C del Desengaño
Jardines de Sabatini
C de la Bola
Santo Domingo
Plaza de Santo Domingo
Callao
Gran Vía
Plaza de la Encarnación
C de Preciados
Plaza del Callao
C de San Quintín
C de Campomanes
C de la Abada
C de la Salud
Jardines Cabo Naval
C Conchas
C del Carmen
C de Felipe V
C del la Priora Flora
Plaza de San Martín
Plaza del Carmen
Plaza de Isabel II
Plaza de Oriente
Plaza de las Descalzas
A
B
C
D

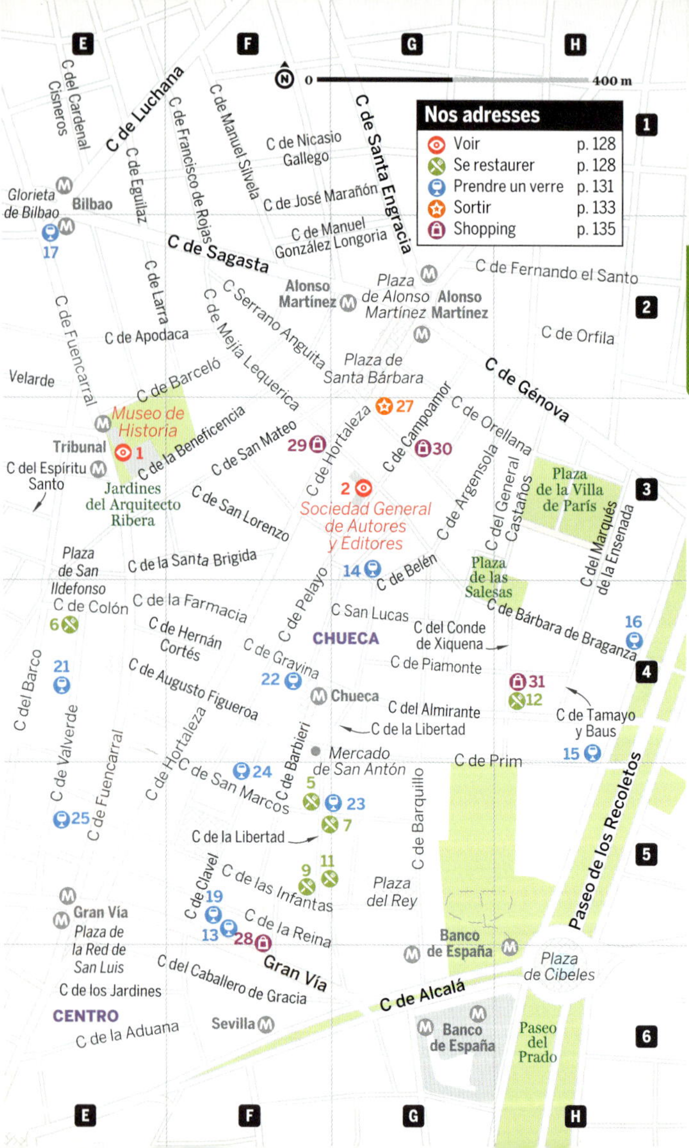

Nos adresses
Voir p. 128
Se restaurer p. 128
Prendre un verre p. 131
Sortir p. 133
Shopping p. 135
0 400 m
E
F
G
H
1
2
3
4
5
6
C del Cardenal Cisneros
C de Luchana
C de Eguilaz
C de Francisco de Rojas
C de Manuel Silvela
C de Nicasio Gallego
C de José Marañón
C de Santa Engracia
C de Manuel González Longoria
Glorieta de Bilbao
Bilbao
17
C de Sagasta
C de Larra
C de Fuencarral
C Serrano Anguita
C de Mejía Lequerica
Alonso Martínez
Plaza de Alonso Martínez
Alonso Martínez
C de Fernando el Santo
C de Orfila
C de Apodaca
Velarde
C de Barceló
Plaza de Santa Bárbara
C de Génova
Museo de Historia
27
C de Campoamor
C de Orellana
Tribunal
1
C de la Beneficencia
C de San Mateo
29
C de Hortaleza
30
C del Espíritu Santo
Jardines del Arquitecto Ribera
C de San Lorenzo
2
Sociedad General de Autores y Editores
C de Argensola
C del General Castaños
Plaza de la Villa de París
C del Marqués de la Ensenada
Plaza de San Ildefonso
C de la Santa Brigida
14
C de Belén
Plaza de las Salesas
C de Colón
C de la Farmacia
C de Pelayo
C San Lucas
C de Bárbara de Braganza
16
6
C del Conde de Xiquena
C de Hernán Cortés
CHUECA
C de Gravina
C de Piamonte
21
C del Barco
22
31
12
C de Augusto Figueroa
Chueca
C del Almirante
C de Tamayo y Baus
C de la Libertad
C de Valverde
C de Hortaleza
C de Barbieri
Mercado de San Antón
C de Prim
15
24
C de San Marcos
5
23
C de Barquillo
Paseo de los Recoletos
25
C de Fuencarral
7
C de la Libertad
11
9
C de Clavel
C de las Infantas
Plaza del Rey
19
C de la Reina
Gran Vía
13
28
Banco de España
Plaza de Cibeles
Plaza de la Red de San Luis
Gran Vía
C del Caballero de Gracia
C de Alcalá
C de los Jardines
CENTRO
Sevilla
Banco de España
Paseo del Prado
C de la Aduana
E
F
G
H

Voir

Museo de Historia MUSÉE

1 PLAN P. 126, E3

Le musée d'Histoire de la ville, anciennement Museo Municipal, possède une superbe entrée de style baroque (rénovée récemment) réalisée en 1721 par Pedro de Ribera. La collection comprend essentiellement des tableaux et objets retraçant l'histoire de Madrid. Ne manquez pas l'*Alegoría de la Villa de Madrid* de Goya (1er étage), les caricatures de Napoléon et de l'occupation française du début du XIXe siècle (1er étage), et surtout, au sous-sol, l'immense maquette de Madrid en 1830. (91 701 16 86 ; www.madrid.es/museodehistoria ; Calle de Fuencarral 78 ; gratuit ; 10h-20h mar-dim ; M Tribunal)

Sociedad General de Autores y Editores BÂTIMENT

2 PLAN P. 126, G3

Cet édifice aux allures de gâteau de mariage fait penser aux bâtiments d'Antoni Gaudí à Barcelone. Il est une ode joyeuse au modernisme catalan (un style architectural et artistique influencé par l'Art nouveau) et unique en son genre à Madrid. Les curieux ne sont pas vraiment bienvenus, mais la façade est déjà impressionnante. Il n'y a que durant la Journée mondiale de l'architecture (premier lundi d'octobre) que l'on peut entrer – l'escalier intérieur vaut à lui seul le déplacement. (Société générale des auteurs et des éditeurs ; Calle de Fernando VI 4 ; M Alonso Martínez)

Museo Municipal de Arte Contemporáneo MUSÉE

3 PLAN P. 126, B2

Ce musée conserve une belle collection d'art moderne espagnol – principalement des œuvres picturales et graphiques, ainsi que quelques photos, sculptures et dessins. Les œuvres d'Eduardo Arroyo et du sculpteur basque Jorge Oteiza méritent une attention particulière. Des visions désuètes ou au contraire avant-gardistes du paysage madrilène sont exposées côte à côte. Ne manquez pas la représentation fantastique de la fontaine de Cybèle signée Ouka Leele, une des stars de la Movida. (91 588 59 28 ; www.madrid.es/museoartecontemporaneo ; Calle del Conde Duque 9-11 ; gratuit ; 10h-14h et 17h30-20h30 mar-sam, 10h30-14h dim ; M Ventura Rodríguez)

Se restaurer

Pez Tortilla TAPAS €

4 PLAN P. 126, C3

Ce restaurant est toujours plein à craquer... ce qui n'est pas étonnant, car on y sert d'excellentes omelettes (15 variantes !) et de délicieuses *croquetas* (croquettes), accompagnées de bières artisanales (plus de 70 variétés, dont neuf pression). Les

Mercado de San Antón

Ceux qui en ont assez de manger dans les bars et restaurants pourront acheter des produits frais aux étals du 1er étage du **Mercado de San Antón** (plan p. 126, F4 ; www.mercadosananton.com ; Calle de Augo Figueroa 24 ; tapas à partir de 1,50 €, plats 5-20 € ; 10h-minuit ; M Chueca). Les autres iront directement au 2e étage pour grignoter d'appétissantes tapas en tous genres et des spécialités des quatre coins du monde. Au 3e étage se trouve un restaurant avec une immense terrasse d'où la vue est splendide.

croquetas à l'encre de seiche et la *tortilla de patatas* (omelette de pomme de terre aux oignons) avec brie aux truffes et *jamón* (jambon) ne sont que deux des spécialités de la cuisine. (653 919984 ; www.peztortilla.com ; Calle del Pez 36 ; tapas à partir de 4 € ; 12h-minuit dim, 18h30-2h lun-mer, 12h-2h jeu, 12h-2h30 ven-sam ; M Noviciado)

Bazaar

NOUVELLE CUISINE **€**

5 PLAN P. 126, F5

Bazaar est une des adresses les plus chics du quartier de Chueca. Le restaurant, tout de blanc décoré, possède de grandes baies vitrées qui laissent passer la lumière du jour. Le soir, des projecteurs de théâtre prennent le relais. On a l'impression d'être dans une des pages du magazine people *¡Hola!*, mais les prix restent raisonnables et l'atmosphère décontractée. La cuisine est très créative. (91 523 39 05 ; www.restaurantbazaar.com ; Calle de la Libertad 21 ; plats 7,50-13 € ; 13h15-16h et 20h30-23h30 dim-mer, 13h15-16h et 20h15-minuit jeu-sam ; ; M Chueca)

Bodega de la Ardosa

TAPAS **€**

6 PLAN P. 126, E4

Ce joli bar lambrissé de bois est une institution depuis 1892. Il faut absolument goûter le *salmorejo* (soupe de tomate froide à base de pain, d'huile, d'ail et de vinaigre), les *croquetas* ou la *tortilla de patatas*. Le week-end, il y a foule le soir. (91 521 49 79 ; www.laardosa.es ; Calle de Colón 13 ; tapas et raciones 4-12 € ; 8h30-2h lun-ven, 12h45-2h30 sam-dim ; M Tribunal)

La Carmencita

ESPAGNOL **€€**

7 PLAN P. 126, F5

Une adresse incontournable à Madrid depuis 1854. Le poète chilien Pablo Neruda y avait ses habitudes. Aujourd'hui, cet établissement propose plus de 75 recettes espagnoles traditionnelles, parfois remises au goût du jour, mais ici, la philosophie est plutôt qu'il ne faut pas changer une équipe qui gagne… (91 531 09 11 ; www.tabernalacarmencita.es ; Calle de la Libertad 16 ; plats 13-27 € ; 9h-2h ; M Chueca)

Albur

TAPAS, ESPAGNOL €€

8 PLAN P. 126, D2

Albur est à la fois un bar à tapas (très fréquenté) et un restaurant chic (salle à l'arrière), et c'est un des meilleurs plans de Malasaña. Ici, les serveurs ne perdent jamais leur calme. Le riz est à l'honneur, mais vous serez conquis quoi que vous commandiez. (91 594 27 33 ; www.restaurantealbur.com ; Calle de Manuela Malasaña 15 ; plats 13-18 € ; 12h30-17h et 19h30-minuit lun-jeu, 12h30-17h et 19h30-1h30 ven, 13h-1h30 sam, 13h-minuit dim ; ; M Bilbao)

Celso y Manolo

TAPAS, ESPAGNOL €€

9 PLAN P. 126, F5

Dans ce bar, un des meilleurs de Chueca, on sert des *tostadas* (toasts grillés) pour les petites faims, de la queue de bœuf pour les envies de plats traditionnels ainsi qu'une grande variété de plats du nord et du nord-ouest de l'Espagne. Belle carte des vins, bon café, cocktails encore meilleurs et intérieur très bien restauré. (91 531 80 79 ; www.celsoymanolo.es ; Calle de la Libertad 1 ; raciones 7,50-12 € ; 13h-16h30 et 20h-2h ; M Banco de España)

Lamucca de Pez

TAPAS €€

10 PLAN P. 126, D4

Cet établissement n'a qu'un seul inconvénient : il est parfois impossible de trouver une table libre ! Les vins de la longue carte accompagnent très bien les excellentes salades, les pizzas originales ainsi que les bons plats de viandes et de poissons. L'ambiance ne fait qu'ajouter à l'attrait général de cette adresse. (91 521 00 00 ; www.lamucca.es ; Plaza Carlos Cambronero 4 ; plats 9-16 € ; 12h-1h30 dim-mer, 13h-2h jeu, 13h-2h30 ven-sam ; M Callao)

Bocaito

TAPAS €€

11 PLAN P. 126, F5

Pedro Almodóvar considère ce bar-restaurant traditionnel comme "le meilleur antidépresseur qui soit". Ignorez le restaurant (pourtant réputé) et mêlez-vous à la foule au bar. Commandez quelques *raciones* andalouses, arrosées d'un vin rouge râpeux ou d'une *caña* (petite bière). (91 532 12 19 ; www.bocaito.com ; Calle de la Libertad 4-6 ; tapas 2,50-8 €, plats 11-28 € ; 13h-16h et 20h30-minuit lun-sam ; M Chueca, Sevilla)

La Buena Vida

ESPAGNOL €€€

12 PLAN P. 126, H4

Ce restaurant est une des adresses les plus prestigieuses de Chueca et une des meilleures de la ville. On y croise une clientèle intellectuelle et aisée. Le menu de saison tend vers les classiques espagnols, même si des plats comme le "faux-filet" de thon rouge guacamole et graines de sésame laissent entendre que les cuisiniers n'ont rien contre une petite fantaisie de temps en temps. (91 531 31 49 ; www.restaurantelabuenavida.com ; Calle del Conde de Xiquena 8 ; plats 25-28 € ; 13h-16h et 21h-23h30 mar-jeu, 13h30-16h et 21h-12h30 ven-sam ; M Chueca, Colón)

Prendre un verre

Museo Chicote

COCKTAILS

13 PLAN P. 126, F5

Ce bar des années 1930, qui a conservé son intérieur, est une véritable institution à Madrid. Son fondateur aurait inventé plus de 100 cocktails, que des grands noms tels qu'Ernest Hemingway, Ava Gardner, Grace Kelly, Sophia Loren et Frank Sinatra sont venus déguster en leur temps. (91 532 67 37 ; www.grupomercadodelareina.com/en/museo-chicote-en/ ; Gran Vía 12 ; 19h-3h lun-jeu, 19h-4h ven-sam, 16h-1h dim ; M Gran Vía)

Café Belén

BAR

14 PLAN P. 126, G3

Le Café Belén a de quoi séduire : musique cool, éclairage tamisé, large choix de boissons (les mojitos sont vraiment excellents) et une clientèle discrète qui maîtrise l'art du chic décontracté. Un des meilleurs bars de Chueca. (91 308 27 47 ; www.elcafebelen.com ; Calle de Belén 5 ; 15h30-3h mar-jeu, 15h30-3h30 ven-sam, 15h30-minuit dim ; ; M Chueca)

Gran Café de Gijón

CAFÉ

15 PLAN P. 126, H4

Ce vieux café ouvert depuis 1888 a depuis longtemps les faveurs des intellectuels de Madrid pour prendre un verre ou se restaurer... Tous les grands écrivains et poètes espagnols du XXe siècle sont venus ici prendre un café et participer aux *tertulias* (discussions philosophiques et littéraires). Aujourd'hui, la clientèle comprend intellectuels, ultraconservateurs franquistes ainsi que des jeunes Madrilènes en quête d'un lieu calme pour prendre un verre. (91 521 54 25 ; www.cafegijon.com ; Paseo de los Recoletos 21 ; 7h-1h30 ; M Chueca, Banco de España)

Café-Restaurante El Espejo

CAFÉ

16 PLAN P. 126, H4

Ce bijou, ancien repaire d'écrivains et d'intellectuels, mêle modernité et style Art déco. En entrant, on est submergé par l'abondance de miroirs et de lustres, et les serveurs en nœud papillon transportent la clientèle dans une époque révolue. (91 308 23 47 ; Paseo de los Recoletos 31 ; 8h-minuit ; M Colón)

Café Comercial

CAFÉ

17 PLAN P. 126, E2

Le doyen des cafés de la ville a une place privilégiée dans le cœur de nombreux habitants : ouvert depuis plus d'un siècle, il déborde toujours de vie. On y vient pour un simple café ou une collation, servis sur de vieilles tables de marbre ; et on se sent alors comme un acteur de la scène littéraire et artistique madrilène... (91 088 25 25 ; www.cafecomercialmadrid.com ; Glorieta de Bilbao 7 ; 7h30-minuit lun-ven, 8h30-minuit sam-dim ; ; M Bilbao)

1862 Dry Bar

COCKTAILS

18 PLAN P. 126, C4

Des cocktails très réussis et une atmosphère "chic mais pas trop" font de ce bar une excellente adresse dans le sud de Malasaña. Prix raisonnables et longue carte de cocktails, avec des nouveautés tous les mois. (☎ 609 531151 ; www.facebook.com/1862DryBar ; Calle del Pez 27 ; ⏲ 15h30-2h lun-jeu, jusqu'à 2h30 ven-sam, jusqu'à 22h30 dim ; M Noviciado)

Del Diego

COCKTAILS

19 PLAN P. 126, F5

C'est un des bars à cocktails particulièrement fréquentés à Madrid, mêlant atmosphère d'antan et style new-yorkais. Ici, la musique est discrète et on peut discuter tranquillement après avoir fait son choix parmi 75 cocktails. Goûtez au Diego (vodka, avocat, liqueur d'abricot et citron vert), la spécialité de la maison. (☎ 91 523 31 06 ; www.deldiego.com ; Calle de la Reina 12 ; ⏲ 19h-3h lun-jeu, 19h-3h30 ven-sam ; M Gran Vía)

Café Manuela

CAFÉ

20 PLAN P. 126, D3

Tomber sur ce survivant des années 1950 élégamment rénové dans une des rues les plus poussiéreuses de Malasaña, c'est un peu comme découvrir un trésor. Lorsque l'on quitte la nuit pour y entrer, l'endroit semble étinceler et, comme tant de cafés à Madrid, c'est un lieu un peu hybride. On y sert des cocktails et de délicieux milk-shakes, et les tables en marbre accueillent des parties de jeux de société. (☎ 91 531 70 37 ; www.facebook.com/CafeManuela ; Calle de San Vicente Ferrer 29 ; ⏲ 16h-2h dim-jeu, 16h-2h30 ven-sam ; M Tribunal)

Fábrica Maravillas

BIÈRES

21 PLAN P. 126, E4

L'engouement international pour les artisans brasseurs et les bières de luxe a aussi gagné la capitale espagnole. Connue pour sa Malasaña Ale, la microbrasserie Fábrica Maravillas le confirme en beauté. (☎ 91 521 87 53 ; www.fmaravillas.com ; Calle de Valverde 29 ; ⏲ 18h-minuit lun-mer, jusqu'à 1h jeu, jusqu'à 2h ven, 12h30-2h sam, 12h30-minuit dim ; M Tribunal, Gran Vía)

Café Acuarela

CAFÉ

22 PLAN P. 126, F4

Il suffit de monter un peu depuis la Plaza de Chueca pour atteindre cette institution gay (une immense statue d'ange nu garde l'entrée). L'intérieur ressemble à un agréable salon décoré, entre autres, d'icônes religieuses. C'est une adresse idéale pour une conversation tranquille et pour se plonger dans l'ambiance du week-end, parmi ceux qui préparent leur virée dans les clubs plus animés du voisinage. (☎ 91 522 21 43 ; Calle de Gravina 10 ; ⏲ 11h-2h dim-jeu, jusqu'à 3h ven-sam ; M Chueca)

Calle del Pez

Attendant son heure depuis quelques années, la Calle del Pez, dans le sud de Malasaña, est devenue l'une des rues les plus branchées de Madrid et le repaire des bobos. La Calle de la Corredera Baja de San Pablo, qui coupe la Calle del Pez à proximité de la Gran Vía, connaît actuellement une transformation similaire.

Diurno

CAFÉ

23 PLAN P. 126, G5

Ce café (avec magasin de DVD attenant) est au cœur de la vie de quartier de Chueca. C'est en quelque sorte une version moderne des grands cafés littéraires d'autrefois. Ici, il y a toujours foule et l'ambiance est joyeuse. Si vous ne pouvez plus en partir, sachez qu'on peut y grignoter ou y manger à bon prix. (91 522 00 09 ; www.grupomercadodelareina.com/en/diurno ; Calle de San Marcos 37 ; 10h-1h dim-jeu, 10h-2h ven-sam ; M Chueca)

Why Not?

CLUB

24 PLAN P. 126, F5

Ce petit club en sous-sol est le genre d'endroit où rien n'est laissé au hasard. On y entend de la pop et les tubes du moment, et la clientèle homo et hétéro est autant d'humeur à faire la fête qu'à flirter. L'endroit est bondé presque tous les soirs. (91 521 88 03 ; Calle de San Bartolomé 7 ; 10 € ; 22h30-6h ; M Chueca)

Ya'sta

CLUB

25 PLAN P. 126, E5

Ouvert depuis 1985, ce pilier de la vie nocturne à Malasaña est une des adresses symboles de la Movida. On y danse sur des rythmes éclectiques – techno, psytrance, électro et pop indé. (91 521 88 33 ; www.yastaclub.net ; Calle de Valverde 10 ; 10 € ; 23h45-6h mer-sam ; M Gran Vía)

Sortir

Teatro Flamenco Madrid

FLAMENCO

26 PLAN P. 126, D4

Cette nouvelle salle de flamenco est vraiment un "bon plan" : le flamenco (danse, chant et guitare) y est d'excellente qualité et, contrairement aux *tablaos* plus classiques, on n'y propose pas la formule plus guindée dîner-spectacle. Le public est composé d'habitants et de touristes ; ambiance extraordinaire pendant les spectacles (1 heure). Prix un cran en dessous des autres établissements. (91 159 20 05 ; www.teatroflamencomadrid.com ; Calle del Pez 10 ; tarif plein/étudiant ou senior/enfant 25/16/12 € ; 18h45 et 20h15 ; M Noviciado)

La Movida

Madrid est aux années 1980 ce que Londres fut aux années 1960 et Paris à 1968... Après de longues et sombres années de dictature et de catholicisme conservateur, la mort de Franco et l'arrivée de la démocratie, les Espagnols, et en particulier les Madrilènes, s'emparent de la rue et amorcent un grand virage social et culturel. Pour ce mouvement libertaire appelé *movida madrileña* (du verbe *mover*, "bouger"), rien n'est tabou ; les jeunes de la capitale découvrent d'un seul coup les années 1960, 1970 et 1980. L'alcool, la drogue et le sexe ne posent soudain plus de problème. On fait la fête toute la nuit. On peut prendre de la drogue en public (ce qui, jusqu'en 1992 n'est pas considéré comme une infraction). Bref, un vent de folie souffle sur la ville.

La Movida fut soutenue par Enrique Tierno Galván, un professeur d'université à la retraite, figure emblématique de l'opposition au régime de Franco, surnommé affectueusement dans tout le pays "le vieux professeur". Il devint maire socialiste de Madrid en 1979 et, pour beaucoup, amorça la Movida en lançant un rassemblement public consistant *"a colocarse y ponerse al loro"*, que l'on pourrait traduire par "se défoncer et faire ce qui est cool". Rien d'étonnant à ce qu'il ait été le maire le plus populaire que Madrid ait connu. Lorsqu'il mourut, en 1986, un million de personnes assista à ses funérailles.

La Movida ne s'est toutefois pas résumée à redécouvrir l'art espagnol de *salir de copas* ("aller boire des verres"). C'est avant tout une explosion de créativité artistique : musiciens, plasticiens, photographes, réalisateurs font sauter tous les cadres, bien décidés à se libérer du carcan répressif du franquisme. On dit que Madrid comptait alors quelque 300 groupes de rock et 1 500 stylistes. Le réalisateur Pedro Almodóvar est le plus célèbre d'entre eux. Bien que tous ses films aient été des succès internationaux, ce sont ses premières créations, *Pepi, Luci, Bom y Otras Chicas del Montón* (*Pepi, Luci, Bom et autres filles du quartier*, 1980) et *Laberinto de Pasiones* (*Le Labyrinthe des passions*, 1982) qui incarnent réellement l'esprit du mouvement.

En 1981, à l'apogée de la Movida, Andy Warhol avoue regretter de ne pas pouvoir passer le reste de sa vie à Madrid. En 1985, le *New York Times* consacre Madrid "nouvelle capitale culturelle mondiale et l'endroit où il faut être". Les choses se sont un peu calmées depuis cette époque grisante, mais, à moins d'avoir connu la ville dans ces années-là, vous ne le remarquerez sans doute pas.

El Junco Jazz Club

JAZZ

27 PLAN P. 126, G3

El Junco s'est imposé en s'adressant aux amateurs de jazz comme aux clubbeurs. Son secret : des groupes de haut vol venus du monde entier, suivis de DJ axés sur le funk, la soul, le nu jazz, le blues et d'autres sons novateurs. Des bœufs ont lieu à 23h le mardi (jazz) et le dimanche (blues). (91 319 20 81 ; www.eljunco.com ; Plaza de Santa Bárbara 10 ; 6-15 € ; 23h-5h30 mar-jeu, 23h-6h ven-sam ; M Alonso Martínez)

Shopping

Loewe

MODE, ACCESSOIRES

28 PLAN P. 126, F5

Né à Madrid en 1846, Loewe est sans aucun doute la référence espagnole en matière de mode haut de gamme. Le magasin de la Gran Vía est un des plus connus et des plus élégants de la capitale. Sacs à main et accessoires luxueux sont à l'honneur. Les prix sont parfois astronomiques, mais la visite vaut le coup, même sans acheter. (91 522 68 15 ; www.loewe.com ; Gran Vía 8 ; 10h-20h30 lun-sam, 11h-20h dim ; M Gran Vía)

Patrimonio Comunal Olivarero

ÉPICERIE

29 PLAN P. 126, F3

L'idéal pour acheter de l'huile d'olive d'Espagne (premier producteur mondial). Huiles exclusivement extra-vierges de tout le pays : le plus difficile est de choisir, mais le personnel, très calé, vous conseillera volontiers. (91 308 05 05 ; www.pco.es ; Calle de Mejía Lequeric 1 ; 10h-14h et 17h-20h lun-ven, 10h-14h sam sept-juin, 9h-15h lun-sam juil ; M Alonso Martínez)

Malababa

MODE, ACCESSOIRES

30 PLAN P. 126, G3

Cette adresse à Chueca fait partie du terrain de chasse privilégié de celles qui soignent leur style et préfèrent les petites boutiques aux grandes enseignes. Dans un espace baigné de lumière, on trouve de beaux accessoires de fabrication espagnole, dont bijoux, sacs à main, chaussures, sacoches et ceintures, tous joliment présentés. (91 203 59 51 ; www.malababa.com ; Calle de Santa Teresa 5 ; 10h30-20h30 lun-jeu, jusqu'à 21h ven-sam ; M Alonso Martínez)

Lurdes Bergada

MODE, ACCESSOIRES

31 PLAN P. 126, H4

La styliste barcelonaise Lurdes Bergada et son fils, Syngman Cucala dessinent des collections raffinées pour hommes et pour femmes, à base de fibres 100% naturelles et dans des couleurs neutres. Leurs créations font de nombreux adeptes, et il est rare de quitter la boutique sans avoir eu un coup de cœur. (91 531 99 58 ; www.lurdesbergada.es ; Calle del Conde de Xiquena 8 ; 10h-14h30 et 16h30-20h30 lun-sam ; M Chueca)

Promenade à pied

Vie de quartier à Chamberí

Le quartier plutôt aisé de Chamberí est bien connu pour être un des plus castizos (terme difficile à traduire, à mi-chemin entre "traditionnel" et "authentique") de la capitale. En dehors des circuits touristiques, la Plaza de la Olavide, emblématique, ainsi que les boutiques à l'ancienne du quartier sont l'endroit idéal pour profiter d'une atmosphère incomparable et découvrir un des vrais visages de Madrid.

La promenade :

Départ Plaza de Olavide ; M Bilbao, Iglesia, Quevedo

Arrivée Sagaretxe ; M Iglesia

Distance 5 km

Durée 3-4 heures

❶ Plaza de Olavide

Arborée, la **Plaza de Olavide** (M Bilbao, Iglesia, Quevedo), qui compte bancs, aires de jeux et terrasses, est au cœur de la vie du quartier. On peut voir dans le Bar Mentrida de superbes photos de la place autrefois.

❷ Boutique à l'ancienne

La charmante boutique de chaussures **Calzados Cantero** (Plaza de Olavide 12 ; 9h45-14h et 16h45h-20h30 lun-ven, 9h45-14h sam ; M Iglesia) doit sa réputation aux *alpargatas* (espadrilles à semelles de corde, à partir de 6 €). Un des grands classiques du quartier.

❸ L'horloger du roi

Spécialiste de la réparation des pendules anciennes depuis 1867, la **Relojería Santolaya** (www.relojeriasantolaya.com ; Calle Murillo 8 ; 10h-13h et 17h-20h lun-ven ; M Quevedo, Iglesia, Bilbao) est l'horlogerie officielle de la famille royale. Il n'y a pas grand-chose à vendre, mais on peut y admirer un art en voie de disparition.

❹ Une maison-musée

Peu connu, le **Museo Sorolla** (www.mecd.gob.es/msorolla ; Paseo del General Martínez Campos 37 ; adulte/enfant 3 €/gratuit ; 9h30-20h mar-sam, 10h-15h dim ; M Iglesia, Gregorio Marañón) est installé dans l'ancienne maison et atelier du peintre Joaquín Sorolla.

❺ Bar de quartier

La **Bodega de la Ardosa** (Calle de Santa Engracia 70 ; raciones à partir de 7,50 € ; 9h-15h et 18h-23h30 jeu-mar ; M Iglesia) est une belle relique du passé. Sur sa façade toute carrelée, on peut voir des traces d'obus datant de la guerre civile.

❻ La gare de Chamberí

Abandonnée en 1966, la **Estación de Chamberí** (Andén 0 ; www.museomadrid.com/tag/anden-0-horario ; angle Calle de Santa Engracia et Calle de Luchana ; gratuit ; 11h-13h et 17h-19h ven, 10h-14h sam-dim ; M Iglesia, Bilbao) a enfin rouvert ses portes sous forme d'un petit musée qui recrée l'époque de son inauguration en 1919.

❼ La plus vieille papeterie

Fondée en 1905, la **Papelería Salazar** (www.papeleriasalazar.es ; Calle de Luchana 7-9 ; 9h30-13h30 et 16h30-20h lun-ven, 10h-13h30 sam ; M Bilbao) est la plus ancienne papeterie de Madrid. On trouve dans cette caverne d'Ali Baba plein d'articles désuets, comme de vieux ex-libris espagnols ou des faire-part de communion.

❽ Calle de Fuencarral

La Calle de Fuencarral fait partie des grandes artères de la capitale. Elle est fermée à la circulation le dimanche entre les stations de métro Bilbao et Quevedo.

❾ Tapas basques

Sagaretxe (91 446 25 88 ; www.sagaretxe.com ; Calle de Eloy Gonzalo 26 ; tapas 2,20 €, menus 15,50-31 € ; 12h-17h et 19h-minuit ; M Iglesia) est un des meilleurs bars à *pintxos* (tapas basques) de toute la ville. Ici, il suffit de montrer du doigt ce que l'on veut.

Vaut le détour

Ermita de San Antonio de la Florida

Un chef-d'œuvre est caché dans le modeste ermitage de San Antonio de la Florida. Également appelée Panteón de Goya, la chapelle conserve un plafond et des coupoles décorés de fresques exécutées par le peintre en 1798 à la demande de Charles IV. C'est un des rares endroits où l'on peut voir l'œuvre de Goya dans son cadre original.

Panteón de Goya

91 542 07 22

www.sanantoniodelaflorida.es

Glorieta de San Antonio de la Florida 5

Gratuit

9h30-20h mar-dim, horaires variables juil-août

M Príncipe Pío

Le miracle de saint Antoine

Les personnages de la coupole représentent le miracle de saint Antoine. Le saint, né à Lisbonne, apprit par inspiration divine que son père avait été injustement accusé de meurtre. Il fut miraculeusement transporté dans sa ville du nord de l'Italie, où il tenta – en vain – de convaincre les juges de l'innocence de son père. Il exigea ensuite que le corps de la victime soit placé devant les juges. L'œuvre de Goya représente le moment où le saint ordonne au cadavre de se lever et aux juges d'innocenter son père.

La foule madrilène du XVIIIe siècle

La foule typiquement madrilène qui entoure le saint est tout aussi intéressante que le miracle en lui-même. Il était habituel dans de telles fresques que des anges et des chérubins apparaissent sur la coupole, au-dessus de l'activité terrestre. Goya, lui, plaça l'humain au-dessus du divin.

Tombeau de Goya

Le peintre est enterré devant l'autel. Ses restes furent transférés en 1919 depuis Bordeaux, où il mourut en 1828 durant son exil volontaire.

Aux environs : Templo de Debod

En montant la colline depuis l'ermitage, on arrive à un **temple égyptien** (Paseo del Pintor Rosales ; gratuit ; ⌚10h-20h mar-dim ; Ⓜ Ventura Rodríguez), érigé au beau milieu du Parque del Oeste. En fait, il fut sauvé des eaux du lac Nasser (Égypte) lors de la construction du barrage d'Assouan. En 1968, l'Égypte en fit cadeau à l'Espagne et il fut envoyé à Madrid bloc par bloc, en remerciement aux archéologues espagnols de l'Unesco qui avaient œuvré pour la sauvegarde du patrimoine égyptien.

★ À savoir

- Renseignez-vous bien sur les horaires, qui diffèrent souvent de ceux affichés, surtout en juillet et en août.
- Pour remettre dans leur contexte les fresques peintes par Goya, glissez dans votre poche une biographie du peintre, par exemple celle de Michel del Castillo (Points, 2017) ou celle de Marie-France Schmidt (Folio, 2009).
- L'heure idéale pour la visite est le matin à l'ouverture, car plus la journée avance plus il y a foule.

Une petite faim ?

Toute proche, la **Casa Mingo** (☎ 91 547 79 18 ; www.casamingo.es ; Paseo de la Florida 34 ; raciones 2,70-11 €, pollo asado 11 € ; ⌚ 11h-minuit ; Ⓜ Príncipe Pío) est une cidrerie asturienne connue, dont la production accompagne à merveille le délicieux *pollo asado* (poulet rôti).

Vault le détour

San Lorenzo de El Escorial

Le majestueux palais-monastère de l'Escurial, inscrit au patrimoine mondial de l'Unesco, est une des excursions les plus intéressantes depuis Madrid. Il fut construit au XVIe siècle à la demande de Philippe II qui voulait un monastère et un palais doublé d'un mausolée pour ses parents, Charles Quint et Isabelle de Portugal. L'architecture est superbe, les jardins sont magnifiques et le palais abrite de nombreux chefs-d'œuvre.

91 890 78 18

www.patrimonionacional.es

Tarif plein/réduit 10/5 €, guide/audioguide 4/3 €, ressortissants UE gratuit les trois der heures mer-jeu

10h-20h avr-sept, jusqu'à 18h oct-mars, fermé lun

Contexte historique

À la suite de sa victoire décisive contre les Français en 1557, le jour de la Saint-Laurent, Philipe II ordonna la construction au-dessus du hameau d'El Escorial d'un ensemble au nom du saint. Plusieurs villages durent être rasés et la conception du bâtiment fut confiée à l'architecte Juan Bautista de Toledo, puis à Juan de Herrera, deux grandes figures de la Renaissance espagnole.

Premiers pas

Résistez à l'envie d'entrer directement au cœur du complexe et prenez plutôt le temps d'admirer l'entrée principale, située du côté ouest. Au-dessus de l'entrée, saint Laurent monte la garde, tenant symboliquement un gril, instrument de son martyre : il fut brûlé vif dessus.

Patio de los Reyes

Après avoir médité sur le triste destin de saint Laurent, pénétrez dans le Patio de los Reyes (cour des rois), qui abrite les statues des six rois du royaume de Juda. Cela donne une idée de l'assurance de la famille royale espagnole, qui ne voyait aucun inconvénient à se comparer aux grands rois du passé...

Basilique

La basilique se dresse au bout du Patio de los Reyes. En entrant, levez les yeux sur l'inhabituelle voûte, près des stalles du chœur, qui est plate. Sur la gauche après l'entrée, ne manquez pas un des chefs-d'œuvre méconnus de l'Escurial : une statue en marbre blanc de Carrare du Christ crucifié (1576), signée Benvenuto Cellini.

★ À savoir

- Évitez de venir le week-end, quand la moitié de Madrid semble en visite ici.
- Passer une nuit sur place permet de profiter du village.
- Renseignez-vous auprès de l'office du tourisme (www.sanlorenzoturismo.org) sur les autres sites à visiter.
- Pour une visite détaillée des lieux, prenez l'audioguide.

Une petite pause ?

La Cueva (☎ 91 890 15 16 ; www.mesonlacueva.com ; Calle de San Antón 4 ; plats 19-33 € ; 🕒 13h-16h et 21h-23h), qui existe depuis 1768, est un bastion de la cuisine castillane traditionnelle.

Les viandes grillées ou rôties du **Restaurante Charolés** (☎ 91 890 59 75 ; www.charolesrestaurante.com ; Calle Floridablanca 24 ; plats 17-24 €, cocido 30 €/pers ; 🕒 13h-16h et 21h-minuit) sont irréprochables.

Le Greco

On peut voir divers chef-d'œuvre au rez-de-chaussée, notamment des tapisseries et une peinture du Greco. Aussi impressionnante soit-elle, on est bien loin du rêve de l'artiste qui était de décorer l'ensemble du complexe. C'est dans cet espoir qu'il quitta la Grèce pour l'Espagne en 1577. Mais son travail ne plut pas à Philippe II.

Deux musées

Après avoir imaginé ce à quoi auraient pu ressembler les lieux si le Greco avait eu carte blanche, descendez vers le nord-est du complexe, où se trouvent le Museo de Arquitectura et le Museo de Pintura. Le premier relate (en espagnol) l'histoire de la construction du site ; le second présente des peintures d'artistes italiens, espagnols et flamands des XVIe et XVIIe siècles.

De haut en bas

Le parcours touristique dans le monastère mène à l'étage à une galerie appelée Palacio de Felipe II ou Palacio de los Austrias. Puis on descend au Panteón de los Reyes (panthéon des rois), datant du XVIIe siècle, où presque tous les monarques espagnols ont été enterrés depuis Charles Quint. Dans cet espace souterrain très sobre et couronné d'un dôme, les sépultures royales sont superposées par groupes de quatre le long des murs. En revenant légèrement sur ses pas, on arrive au Panteón de los Infantes (panthéon des infants) du XIXe siècle et à ses tombes de marbre blanc.

San Lorenzo de El Escorial

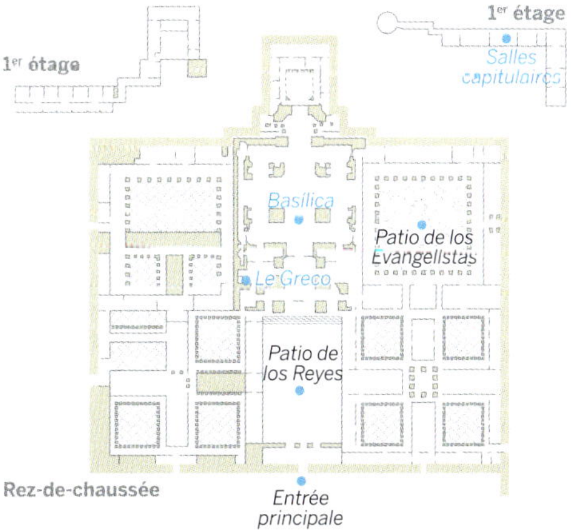

La construction d'un complexe royal

L'impressionnant palais-monastère de l'Escurial est né de l'imagination de Philippe II, qui régna sur l'Espagne de 1556 à 1598. Conçu à la fois comme un palais royal et un mausolée digne des parents du monarque, Charles Quint et Isabelle de Portugal, l'Escurial devait aussi affirmer le catholicisme de l'Espagne face à une Europe de plus en plus protestante.

Philipe II nomme Juan Bautista de Toledo, qui a travaillé sur la basilique Saint-Pierre de Rome, architecte principal du projet. Il formule ainsi la mission de l'architecte : "simplicité dans la construction, rigueur dans la globalité, noblesse sans arrogance, majesté sans ostentation". Pour répondre aux souhaits du roi, Juan Bautista de Toledo utilisera du granit extrait de carrières locales comme matériau principal et suivit un plan basé sur des descriptions historiques du temple de Salomon à Jérusalem.

Plusieurs villages furent détruits pour faire place à ce projet d'envergure dont la première pierre fut posée en 1563 (deux ans après que Madrid eut été choisie comme capitale du pays). À la mort de Juan Bautista de Toledo en 1567, l'architecte Juan de Herrera, une des grandes figures de la Renaissance espagnole, reprit le projet, qu'il acheva en 1584.

Salles capitulaires

L'escalier qui monte depuis le Patio de los Evangelistas mène aux Salas Capitulares, à l'extrémité sud-est du monastère. Ces pièces claires et spacieuses aux plafonds ornés de fresques conservent un véritable trésor : des tableaux du Greco, Titien, le Tintoret, José de Ribera et Jérôme Bosch (El Bosco pour les Espagnols).

Huerta de los Frailes

Au sud du monastère, le **jardin des Moines** (🕓10h-20h avr-sept, 10h-18h oct-mars, fermé lun) mérite bien une balade. Bien que modeste pour un jardin royal, il offre un espace paisible où se réfugier quand le reste du site est pris d'assaut par les visiteurs.

Jardín del Príncipe

Le **jardin du Prince** (gratuit ; 🕓10h-20h avr-sept, jusqu'à 18h oct-mars, fermé lun), qui descend jusqu'à la petite ville de San Lorenzo de El Escorial (et jusqu'à la gare), est un beau jardin à la française. La **Casita del Príncipe** (pavillon du Prince ; www.patrimonionacional.es ; 5 € ; 🕓10h-20h avr-sept, jusqu'à 18h oct-mars, fermé lun), un petit bijou néoclassique, y fut construite en 1772 par Juan de Villanueva sous Charles III, pour son héritier, Charles IV.

Carnet pratique

Le Palacio de Cristal (p. 101) dans le Parque del Buen Retiro

Avant de partir

Hébergement

L'hébergement est de grande qualité à Madrid, et les prix bien meilleur marché que dans la plupart des grandes villes européennes. Le choix est large, du beau cinq-étoiles à l'auberge de jeunesse animée en passant par une excellente sélection d'hôtels de catégorie moyenne. Ces derniers sont pour la plupart confortables et souvent décorés de manière originale.

Sites Internet

Lonely Planet (www.lonelyplanet.fr/hotels). Réservation en ligne.

Apartasol (www.apartasol.com). Appartements en centre-ville.

EsMadrid (www.esmadrid.com). Site de l'office du tourisme. Informations sur les hébergements uniquement en anglais et espagnol.

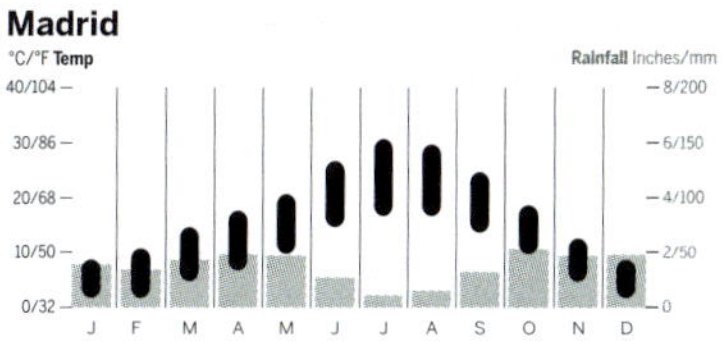

Quand partir

Été (juin-août)
Il peut faire très chaud ; de nombreux Madrilènes partent. En août, beaucoup d'établissements ferment et horaires d'ouverture réduits dans les sites.

Automne (sept-nov) Bonne période, les températures sont douces ; chaud en septembre, frais en novembre.

Hiver (déc-fév) Il peut faire très froid ; neige possible mais ciel toujours dégagé. Noël est une période festive. Festival de flamenco en février.

Printemps (mars-mai) Températures douces. *Semana Santa* (Pâques) et festivals en mai.

Petits budgets

Madrid City Rooms (✆ 91 360 44 44 ; www.madridcityrooms.com ; 2e ét, Calle de la Cruz 6 ; s/d à partir de 40/55 € ; ❄ 📶 ; M Sol). Excellent service et belles chambres en centre-ville.

Lapepa Chic B&B (✆ 648 474742 ; www.lapepa-bnb.com ; 7e ét, Plaza de las Cortes 4 ; s/d à partir de 58/64 € ; ❄ 📶 ; M Banco de España). Un B&B de charme à petit prix.

Hostal Main Street Madrid (✆ 91 548 18 78 ; www.mainstreetmadrid.com ; 5e ét, Gran Vía 50 ; ch à partir de 55 € ; ❄ 📶 ; M Callao, Santo Domingo). Bon marché, central et sympathique.

Flat 5 Madrid (✆ 91 127 24 00 ; www.flat5madrid.com ; 5e ét, Calle de San Bernardo 55 ; s/d avec sdb privée 55/70 €, ch avec sdb commune à partir de 48 € ; ❄ 📶 ; M Noviciado). Un bon plan, loin de la foule des touristes.

Hostal Madrid (✆ 91 522 00 60 ; www.hostal-madrid.

info ; Calle de Esparteros 6 ; s 35-75 €, d 45-115 €, app 45-150 € ; ❄ 📶 ; Ⓜ Sol). Chambres rénovées et bon service.

Catégorie moyenne

Central Palace Madrid (☎ 91 548 20 18 ; www.centralpalacemadrid.com ; Plaza de Oriente 2 ; d sans/avec vue 90/160 € ; ❄ 📶 ; Ⓜ Ópera). Vue superbe sur Madrid, quelle que soit la chambre.

Posada del León de Oro (☎ 91 119 14 94 ; www.posadadelleondeoro.com ; Calle de la Cava Baja 12 ; d/ste à partir de 102/155 € ; ❄ 📶 ; Ⓜ La Latina). Pour profiter de l'ambiance de La Latina.

Catalonia Las Cortes (☎ 91 389 60 51 ; www.hoteles-catalonia.es ; Calle del Prado 6 ; s/d à partir de 150/175 € ; ❄ 📶 ; Ⓜ Antón Martín). Service irréprochable, belles chambres et très bien situé à Huertas.

NH Collection Palacio de Tepa (☎ 91 389 64 90 ; www.nh-collection.com ; Calle de San Sebastián 2 ; d à partir de 175 € ; ❄ 📶 ; Ⓜ Antón Martín). Des chambres chics dans un palais.

Praktik Metropol (☎ 91 521 29 35 ; www.praktikmetropol.com ; Calle de la Montera 47 ; s/d à partir de 90/100 € ; ❄ 📶 ; Ⓜ Gran Vía). Belles vues, chambres agréables.

60 Balcones Recoletos (☎ 91 755 39 26 ; www.60balconies.com ; Calle del Almirante 17 ; app 132-212 € ; ❄ 📶 ; Ⓜ Chueca). Beaux appartements dans le quartier très branché de Chueca.

Catégorie supérieure

Hotel Orfila (☎ 91 702 77 70 ; www.hotelorfila.com ; Calle de Orfila 6 ; ch à partir de 225 € ; Ⓟ ❄ 📶 ; Ⓜ Alonso Martínez). Luxe indiscutable et service irréprochable.

Hotel Ritz (☎ 91 701 67 67 ; www.mandarinoriental.com ; Plaza de la Lealtad 5 ; d/ste à partir de 265/470 € ; ❄ 📶 ; Ⓜ Banco de España). Un vrai palace.

Villa Magna (☎ 91 587 12 34 ; www.villamagna.es ; Paseo de la Castellana 22 ; d 335-420 €, ste à partir de 450 € ; Ⓟ ❄ 📶 ; Ⓜ Rubén Darío). Adresse chic, clientèle aisée.

Westin Palace (☎ 91 360 80 00 ; www.westinpalacemadrid.com ; Plaza de las Cortes 7 ; d/ste à partir de 200/470 € ; ❄ 📶 ; Ⓜ Banco de España, Antón Martín). Un cinq-étoiles frôlant la perfection.

Hotel Urban (☎ 91 787 77 70 ; www.derbyhotels.com ; Carrera de San Jerónimo 34 ; ch à partir de 230 € ; ❄ 📶 🏊 ; Ⓜ Sevilla). Le temple du luxe contemporain.

Un fil d'Ariane en voyage

Vous êtes ressortissant français ? Pensez à vous enregistrer sur le **portail Ariane** (pastel.diplomatie.gouv.fr/fildariane) du ministère de l'Europe et des Affaires étrangères. Ce service gratuit vous permet de recevoir des alertes si la situation le justifie. Crise politique, catastrophe naturelle, attentat... recevez en temps réel des consignes de sécurité lors de votre voyage. Il existe une application pour les Smartphones et les tablettes, intitulée Conseils aux voyageurs.

Arriver à Madrid

Depuis l'aéroport Adolfo Suárez Madrid-Barajas

Métro (aller 4,50 € ; 6h05-1h30 ; 15-25 min ; ligne 8). Dessert la station Nuevos Ministerios, où passent les lignes 10 et 6. Tickets en vente à la station de l'aéroport.

Bus L'Exprés Aeropuerto (www.emtmadrid.es ; 5 €, 40 min ; 24h/24) circule entre la gare ferroviaire Puerta de Atocha et l'aéroport. De 23h55 à 5h35, le départ s'effectue de la Plaza de Cibeles, et non à la gare.

Taxi Un taxi pour le centre-ville (environ 30 min, selon la circulation) coûte 30 €.

Minibus AeroCITY (www.aerocity.com ; 24h/24) est un service de minibus privés qui proposent des trajets entre les hôtels du centre et l'aéroport. Les prix varient en fonction du nombre de passagers mais sont généralement inférieurs à ceux d'une course en taxi.

Depuis la France

- Plusieurs vols directs quotidiens sont assurés depuis Paris par **Air France** (www.airfrance.fr). **Iberia** (www.iberia.es) assure des liaisons directes avec Biarritz, Bordeaux, Lyon, Marseille, Nantes, Nice, Paris et Toulouse. Des compagnies low cost desservent Madrid depuis Paris et certaines villes de province. Notamment **Air Europa** (www.aireuropa.com), **Easy Jet** (www.easyjet.fr), **Ryanair** (www.ryanair.com), **Vueling** (www.vueling.com), **Volotea** (www.volotea.com) et **Transavia** (www.transavia.com).

Tickets et cartes de transports en commun

Tarjeta Multi

Pour emprunter les transports en commun, les non-résidents doivent avoir une Tarjeta Multi : une carte rechargeable non nominative (contrairement à celle des résidents), à valider au début et à la fin de chaque voyage. On peut l'acheter et la recharger aux bornes des stations de métro, dans les *estancos* (bureaux de tabac) et les autres points de vente autorisés. On peut créditer 10 voyages (bus et métro) pour 12,20 €, ou un seul pour 1,50 €.

Tarjeta Turística

Pratique, la Tarjeta Turística (carte touristique) permet d'utiliser les transports en commun de la Comunidad de Madrid (Communauté de Madrid) de manière illimitée. Elle est en vente dans toutes les stations de métro (un passeport ou une carte d'identité est nécessaire) et coûte 8,40/14,20/18,40/26,80/35,40 € pour 1/2/3/5/7 jours.

Numéros d'urgence

Pour signaler un vol ou n'importe quelle infraction, contactez le **Servicio de Atención al Turista Extranjero** (service d'assistance aux touristes étrangers ; ☎ 91 548 85 37, 91 548 80 08 ; www.esmadrid.com/informacion-turistica/sate ; Calle de Leganitos 19 ; 9h-minuit ; M Plaza de España, Santo Domingo), installé au *comisaría* (commissariat) central de la police nationale. Des agents spécialement formés y travaillent en collaboration avec le ministère du Tourisme. Ils peuvent vous aider à faire opposition sur votre carte bancaire, à contacter votre ambassade ou votre famille.

Face à tous types d'urgence, composez le numéro d'urgence européen (☎ 112 ; 24h/24 ; service de télétraduction).

Un **comisaría** (☎ 913 22 10 21 ; Calle de las Huertas 76 ; M Antón Martín) est situé en bas de Huertas, près du Paseo del Prado.

- Comptez environ 2 heures de vol entre Paris et Madrid, 1h20 depuis Bordeaux.
- Un A/R coûte une centaine d'euros si l'on réserve bien en avance.

Depuis la Belgique

- **Brussels Airlines** (www.brusselsairlines.com), **Iberia** (www.iberia.com), **Air Europa** (www.aireuropa.com) et **Ryanair** (www.ryanair.com) proposent des liaisons régulières, plusieurs fois par semaine depuis l'aéroport de Bruxelles.
- Comptez environ 2 heures 30 pour un vol direct entre Bruxelles et Madrid. Si vous réservez en avance, vous paierez une centaine d'euros l'A/R.

Depuis la Suisse

- **Swiss** (www.swiss.com) dessert Madrid tous les jours depuis Zurich. **Iberia** (www.iberia.com) assure des liaisons directes depuis Zurich, Genève et Bâle/Mulhouse ; **Easy Jet** (www.easyjet.com) depuis Bâle-Mulhouse.
- Comptez 2 heures de vol depuis Genève, 2 heures 20 depuis Zurich. Un A/R coûte 150 FS au minimum.

Depuis le Canada

- **Air Canada** (www.aircanada.com) assure plusieurs fois par semaine des vols directs au départ de Toronto. Sinon, il faut transiter par une grande ville américaine ou européenne.
- Comptez 8 heures pour un vol direct Toronto-Madrid et au minimum 1 000 $C.

Depuis la gare de Atocha

Métro (aller/ticket 10 trajets 1,50/12,20 € ; 6h-1h30 ; ligne 1). Depuis Atocha Renfe jusqu'à Sol (10 à 15 min), puis correspondances avec les lignes 2 et 3. Tickets en vente aux automates de la gare.

Taxi Un taxi pour le centre (environ 10 min, selon la circulation) coûte entre 5 € et 8 €, avec un supplément de 3 € à la gare.

Des trains directs vont de Marseille à Atocha en 8 heures.

Depuis la gare de Chamartín

Métro (aller/ticket 10 trajets 1,50/12,20 € ; 6h-1h, lignes 1 et 10). De la gare à la station Sol (15 à 20 min), puis liaisons avec les lignes 2 et 3. Tickets en vente aux automates de la gare.

Taxi Un taxi pour le centre (environ 15 min, selon la circulation) coûte autour de 10 €, avec un supplément de 3 € pour la gare.

Comment circuler

Métro

- Le réseau de métro (www.metromadrid.es) compte 12 lignes de couleurs différentes desservant le centre.
- Pour prendre le métro, il faut acheter et charger une Tarjeta Multi ou une Tarjeta Turística.
- Un ticket pour 1 trajet coûte 1,50 € ; un ticket 10 trajets 12,20 €.
- Les rames circulent entre 6h05 et 1h30.

Bus

- La Empresa Municipal de Transportes de Madrid (EMT ; www.emtmadrid.es) dessert régulièrement des itinéraires en ville entre 6h30 et 23h30 environ.
- Il y a 26 lignes de bus de nuit *búhos* (chouettes) qui circulent entre 23h45 et 5h30, au départ de la Plaza de Cibeles.

Cercanías

- Les trains de banlieue *cercanías*, gérés par la Renfe (www.renfe.es/cercanias/madrid), vont plus loin que le métro.
- Les tickets coûtent entre 1,70 € et 8,70 € selon la distance parcourue.

Taxi

- Les taxis sont relativement bon marché et les tarifs sont affichés sur la partie intérieure des vitres. De Sol au musée du Prado, comptez environ 5 €.
- Vous pouvez appeler un taxi de Tele-Taxi (www.tele-taxi.es) et Radio-Teléfono Taxi (radiotelefono-taxi.com) ou en héler un dans la rue.

Infos pratiques

Argent

- **Monnaie** Euro (€)
- **DAB** Nombreux ; renseignez-vous sur les frais appliqués par votre banque.
- **Espèces** Les banques et les bureaux de change offrent les meilleurs taux ; prenez votre passeport.
- **Cartes bancaires** Acceptées dans la plupart des hôtels, restaurants et magasins.
- **Pourboires** Si vous le voulez, quelques euros au restaurant ; arrondissez à l'euro supérieur en taxi.

Cartes de réduction

Si vous prévoyez de visiter le Museo del Prado, le Museo Thyssen-Bornemisza et le Centro de Arte Reina Sofía, le billet Paseo del Arte (29,60 €) donne accès aux trois, et reste valable pendant 12 mois.

Électricité

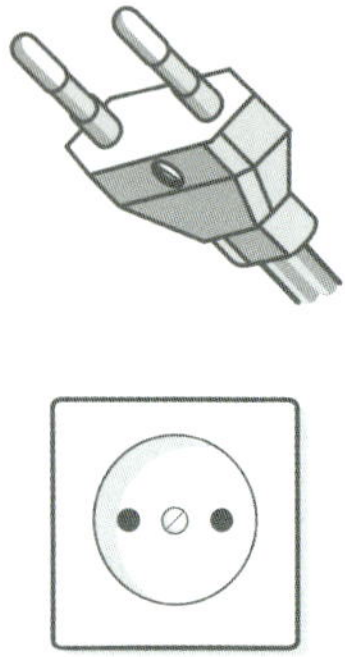

Type C
220V/230V/50Hz

Formalités

- Les ressortissants de l'UE et des pays de l'espace Schengen n'ont pas besoin de visa. Une carte d'identité ou un passeport en cours de validité suffit.
- Les Canadiens sont dispensés de visa pour un séjour n'excédant pas 90 jours. Ils doivent présenter un passeport en cours de validité.

Handicapés

- Consultez la rubrique **Madrid accessible** (www.esmadrid.com/fr/madridaccesible) sur le site de l'office du tourisme. Téléchargez la *Guía de Turismo Accesible* en PDF (421 pages, en anglais ou en espagnol) qui précise le degré d'accessibilité des sites et des transports, et fournit une liste de restaurants adaptés.
- Pour les hôtels : rubrique "Alojamientos Accesibles" et *Guía de Alojamiento Accesible* téléchargeable.

Heures d'ouverture

Banques 8h30-14h lun-ven (parfois 16h- 19h jeu), 9h-13h sam

Poste centrale 8h30-21h30 lun-ven, 8h30-14h sam (la plupart des autres bureaux 8h30-14h30 lun-ven, 9h30-13h sam)

Magasins 10h-14h et 16h30-19h30 ou 17h-20h lun-sam ; les grands magasins ne ferment pas au déjeuner ; beaucoup sont ouverts le dim, de 10h ou 11h à 19h ou 20h

Supermarchés 10h-22h lun-sam

Discothèques Minuit ou 1h-5h ou 6h

Restaurants Déjeuner 13h-16h, dîner 20h30-23h ou minuit

Jours fériés

Año Nuevo (Nouvel An) 1er janvier

Reyes (Épiphanie) 6 janvier

Jueves Santo (Jeudi saint) Mars/avril

Viernes Santo (Vendredi saint) Mars/avril

Fiesta del Trabajo (Fête du travail) 1er mai

Fiesta de la Comunidad de Madrid 2 mai

Fiestas de San Isidro Labrador 15 mai

La Asunción (Assomption) 15 août

Día de la Hispanidad (Fête nationale) 12 octobre

Todos los Santos (Toussaint) 1er novembre

Día de la Virgen de la Almudena 9 novembre

Día de la Constitución 6 décembre

Moins cher...

- Certains sites sont gratuits.
- À midi, prenez le *menú del día* au restaurant.

À savoir

Bars Les gens jettent serviettes en papier et noyaux d'olive par terre. Le personnel balaie régulièrement.

Métro Dans les escalators, mettez-vous bien sur la droite.

Églises Évitez de visiter les églises (ou d'y prendre des photos) durant la messe.

La Inmaculada Concepción 8 décembre

Navidad (Noël) 25 décembre

Offices du tourisme

Le **Centro de Turismo de Madrid** (☎ 010, 91 578 78 10 ; www.esmadrid.com ; Plaza Mayor 27 ; ⏰ 9h30-20h30 ; Ⓜ Sol) propose services, visites guidées et le téléchargement gratuit du plan du métro sur votre mobile.

Centro de Turismo Colón (www.esmadrid.com ; Plaza de Colón 1 ; ⏰ 9h30-20h30 ; Ⓜ Colón). À l'angle de la Calle de Goya et du Paseo de la Castellana et accessible par les escaliers du métro.

Punto de Información Turística CentroCentro (☎ 91 578 78 10 ; www.esmadrid.com ; Plaza de Cibeles 1 ; ⏰ 10h-20h mar-dim ; Ⓜ Banco de España)

Punto de Información Turística Plaza de Callao (www.esmadrid.com ; Plaza de Callao ; ⏰ 9h30-20h30 ; Ⓜ Callao)

Punto de Información Turística Paseo del Prado (☎ 91 578 78 10 ; www.esmadrid.com ; Plaza de Neptuno ; ⏰ 9h30-20h30 ; Ⓜ Atocha)

Punto de Información Turística Adolfo Suárez Madrid-Barajas T2 (www.esmadrid.com ; entre les salles 5 et 6 ; ⏰ 9h-20h)

Punto de Información Turística Adolfo Suárez Madrid-Barajas T4 (www.esmadrid.com ; salles 10 et 11 ; ⏰ 9h-20h)

Sécurité

Madrid est plutôt sûre mais, comme dans toute grande ville, gardez un œil sur vos affaires, notamment à El Rastro, autour du Museo del Prado, dans le métro et là où il y a beaucoup de touristes La nuit, évitez les parcs.

Téléphone

- Pour appeler Madrid depuis l'étranger, composez le ☎ 00 (☎ 0011 depuis le Canada) + le ☎ 34 (indicatif de l'Espagne) + le numéro de votre correspondant.
- Pour appeler l'étranger depuis Madrid, composez le ☎ 00) + l'indicatif du pays souhaité + le numéro de votre correspondant.
- Si vous voulez utiliser votre Smartphone, renseignez-vous avant de partir sur les conditions tarifaires auprès de votre opérateur. Pensez à désactiver les données mobiles et vous connecter sur le Wi-Fi dès que possible.

Toilettes

Les toilettes publiques sont rares. Prenez un café dans un bar pour pouvoir utiliser les toilettes ou allez dans un Corté Inglés.

Langue

L'espagnol (*español*) – souvent appelé *castellano* (castillan) pour le distinguer des autres langues pratiquées en Espagne – est la langue parlée à Madrid. Si vous apprenez un peu d'espagnol, vous serez largement récompensé ; les habitants apprécieront cet effort, quel que soit votre niveau de compréhension.

Les sons espagnols ne sont pas difficiles à prononcer. Si vous suivez nos conseils de prononciation, vous serez compris. Kh indique un "j" guttural (proche du *ch* dans *achtung* en allemand), th indique le "c" ou le "z" prononcés en glissant la pointe de la langue entre les dents (comme le "th" en anglais), et le r est fortement roulé. Le masculin et le féminin sont indiqués par "m/f".

Pour aller plus loin, procurez-vous le **Guide de conversation Espagnol** de Lonely Planet.

Formules courantes

Bonjour. *Hola.* o·la

Au revoir. *Adiós.* a·*dioss*

Comment allez-vous ?
¿Qué tal? ké tal

Bien, merci.
Bien, gracias. biènn *gra*·thiass

S'il vous/te plaît.
Por favor. por fa·*vor*

Merci. *Gracias.* *gra*·thiass

Excusez-moi. *Perdón.* per·*donn*

Pardon. *Lo siento.* lo *siènn*·to

Oui./Non. *Sí./No.* *si/no*

Parlez-vous (anglais) ?
¿Habla (inglés)? a·bla (inn·*gléss*)

Je (ne) comprends (pas).
Yo (no) entiendo.
yo (no) ènn·*tiènn*·do

Quel est votre nom ?
¿Cómo se llama? *ko*·mo sé *ya*·ma

Je m'appelle...
Me llamo... mé *ya*·mo....

Au restaurant

Puis-je voir le menu, s'il vous plaît ?
¿Puedo ver el menu, por favor? *poué*·do vèr èl mé·*nou* por fa·*vor*

Je suis végétarien. (m/f)
Soy vegetariano/a. soï vé·khé·ta·*ria*·no/a

Santé ! *¡Salud!* sa·*lou*

C'était délicieux !
¡Estaba buenísimo! èss·*ta*·ba boué·*ni*·si·mo

L'addition, s'il vous plaît.
La cuenta, por favor. la *kouènn*·ta por fa·*vor*

Je voudrais...
Quisiera... ki·*ssié*·ra...

un café *un café* oun ka·*fé*

une table pour deux
una mesa para dos *ou*·na *mé*·ssa *pa*·ra doss

du vin *un vino* oun *vi*·no

deux bières
dos cervezas doss thèr·*vé*·thass

Shopping

J'aimerais acheter...
Quisiera comprar... — ki·*ssié*·ra kom·*prar*...

Combien cela coûte-t-il ?
¿Puedo verlo? — poué·do *vèr*·lo

Combien cela coûte-t-il ?
¿Cuánto cuesta? — *kwan*·to *kwes*·ta

C'est très cher.
Es muy caro. — èss mouï *ka*·ro

Pouvez-vous baisser le prix ?
¿Podría bajar un poco el precio? — po·*dri*·a ba·*khar* oun *po*·ko èl *pré*·thio

Urgences

Au secours !
¡Socorro! — so·*ko*·ro

Appelez un médecin !
¡Llame a un médico! — *ya*·mé a oun *mé*·di·ko

Appelez la police !
¡Llame a la policía! — *ya*·mé a la po·li·*thi*·a

Je suis perdu(e). (m/f)
Estoy perdido/a. — èss·*toï* per·*di*·do/a

Je suis malade. (m/f)
Estoy enfermo/a.
èss·*toï* ènn·*fèr*·mo/a

Où sont les toilettes ?
¿Dónde están los baños? — *donn*·dé èss·*tann* loss *ba*·nioss

Heure et nombres

Quelle heure est-il ?
¿Qué hora es? — ké *o*·ra èss

Il est (10) heures.
Son (las diez). — sonn (lass dièth)

matin	*mañana*	ma·*nia*·na
après-midi	*tarde*	*tar*·dé
soir	*noche*	*no*·tché
hier	*ayer*	a·*yèr*
aujourd'hui	*hoy*	oï
demain	*mañana*	ma·*nia*·na

1	*uno*	*ou*·no
2	*dos*	doss
3	*tres*	trèss
4	*cuatro*	*koua*·tro
5	*cinco*	*thinn*·ko
6	*seis*	séïss
7	*siete*	*sié*·té
8	*ocho*	*o*·tcho
9	*nueve*	*noué*·vé
10	*diez*	diéth

Transports et orientation

Où se trouve... ?
¿Dónde está...? — *donn*·dé èss·*ta*...

Où se trouve la gare ?
¿Dónde está la estación? — *donn*·dé èss·*ta* la èss·ta·*thionn*

Quelle est l'adresse ?
¿Cuál es la dirección? — koual èss la di·rèk·*thionn*

Pouvez-vous me l'indiquer (sur la carte) ?
¿Me lo puede indicar (en el mapa)? — mé lo *poué*·dé inn·di·*kar* (ènn èl *ma*·pa)

Je voudrais aller à...
Quisiera ir a... — ki·*sié*·ra ir a...

À quelle heure arrive/part-il ?
¿A qué hora llega/sale? — a ké *o*·ra *yé*·ga/*sa*·lé

Pourriez-vous me prévenir quand nous arrivons à...
¿Puede avisarme cuando lleguemos a...? — *poué*·dé a·vi·*sar*·mé *kouann*·do yé·*gué*·moss a...

Je voudrais descendre ici.
Quiero bajarme aquí. — *kié*·ro ba·*khar*·mé a·*ki*

Index

Consultez aussi les index :

Se restaurer p. 157

Prendre un verre p. 158

Sortir p. 158

Shopping p. 158

Références des **sites**
Références des **plans**

Références des **sites**
Références des **plans**

Se restaurer

Prendre un verre

Sortir

Shopping

En coulisses

Vos réactions ?

Vos commentaires nous sont très précieux pour améliorer nos guides. Notre équipe lit vos lettres avec la plus grande attention et prend en compte vos remarques pour les prochaines mises à jour. Pour nous faire part de vos réactions, prendre connaissance de notre catalogue et vous abonner à notre newsletter, consultez notre site Internet : **www.lonelyplanet.fr**

Nous reprenons parfois des extraits de notre courrier pour les publier dans nos guides ou sites Web. Si vous ne souhaitez pas que vos commentaires soient repris ou que votre nom apparaisse, merci de nous le préciser. Notre politique en matière de confidentialité est disponible sur notre site Internet.

Un mot de l'auteur

Vivre en Espagne implique de nouer des relations dépassant de loin celles établies au cours d'un simple voyage. Merci du fond du cœur à Sandra, Javi, Dani, Lucia, Marina, Alberto, Jose, Bea et tant d'autres. *Gracias* aussi à Eli Morales. Chez Lonely Planet, toute ma gratitude va à Tom Stainer et aux nombreux autres éditeurs qui ont participé à ce guide et l'ont beaucoup enrichi. À ma famille – Marina, Carlota et Valentina –, qui a toujours donné à Madrid une place de choix dans mon cœur : *con todo mi amor*. Enfin, Jan, nous espérons te revoir bientôt à Madrid.

Crédits photographiques

Photo de couverture : Palacio de Cristal, Parque del Buen Retiro, Stefano Politi Markovina/AWL ©
Photos p. 30-31 (de gauche à droite) : emperorcosar/Shutterstock ; Alex Segre/Alamy Stock Photo ; Brian Kinney/Shutterstock ; LucVi/Shutterstock

À propos de cet ouvrage

Cette 5e édition de *Madrid en quelques jours* est une traduction-adaptation de la 5e édition de *Pocket Madrid*, publiée par Lonely Planet et rédigée par Anthony Ham, également auteur de l'édition précédente.

Traduction
Kevin Thevenet

Direction éditoriale
Didier Férat

Coordination éditoriale
Alice Kindmann-Martin

Responsable prépresse
Jean-Noël Doan

Maquette Valérie Police

Cartographie
Cartes originales adaptées en français par Caroline Sahanouk

Couverture Adaptée en français par Laure Wilmot

Merci à Dominique Fritsch pour sa relecture attentive du texte .

L'auteur

Anthony Ham

Anthony est écrivain et photographe. Ses spécialités sont l'Espagne, l'Afrique de l'Est et du Sud, l'Arctique et le Moyen-Orient. Quand il ne travaille pas pour Lonely Planet, il écrit sur l'Espagne, l'Afrique et le Moyen-Orient pour la presse australienne, anglaise et américaine.

En 2001, après avoir parcouru le monde des années durant, Anthony a fini par trouver sa patrie spirituelle : lors de sa première visite à Madrid, ce fut le coup de foudre ! Moins d'un an plus tard, ne parlant pas un mot d'espagnol et ne connaissant personne à Madrid, il a pris un aller simple pour la capitale espagnole. Madrid est finalement devenu sa deuxième maison, et il n'a quitté la ville que dix ans plus tard, avec l'accent madrilène et une épouse espagnole. Aujourd'hui basé de nouveau en Australie, Anthony continue à parcourir le monde en quête d'histoires.

Madrid en quelques jours
5e édition
Traduit et adapté de l'ouvrage *Pocket Madrid, 5th edition, December 2018*

Dépôt légal Mars 2019
ISBN 978-2-81617-889-0

Imprimé par L.E.G.O. Spa (Legatoria Editoriale Giovanni Olivotto), Italie

En Voyage Éditions | un département édi8

Bienvenue à Madrid

La capitale espagnole est aussi réputée pour ses fabuleux musées, son architecture éblouissante et ses galeries d'art dynamiques que pour son art de vivre. Si les autres villes du pays ne sont pas dépourvues d'une infatigable vie nocturne, d'une scène musicale exceptionnelle ou encore d'une foule de bons restaurants et de bars à tapas, Madrid, elle, a l'avantage de réunir toutes ces qualités.

Explorer Madrid 33

Vaut le détour

Carnet pratique 145

Coups de projecteur

Sommaire

Préparer son séjour

Statue équestre de Philippe III, Plaza Mayor (p. 36)

MATTEO COLOMBO / GETTY IMAGES ©

CW01657477

MADRID
EN QUELQUES JOURS

Anthony Ham

Les incontournables

Musée du Prado

Un des plus beaux musées du monde. **p. 86**

SEAN PAVONE/SHUTTERSTOCK ©

JOAQUÍN CORTÉS/ROMAN LORES. IMAGE COURTESY OF MUSEO NACIONAL CENTRO DE ARTE REINA SOFÍA ©

Centro de Arte Reina Sofía

Picasso, Dalí et Miró. **p. 96**

CATARINA BELOVA/SHUTTERSTOCK ©

Parque del Buen Retiro

Un magnifique parc au cœur de la ville. **p. 100**

DAM EASTLAND / ALAMY STOCK PHOTO ©

Musée Thyssen-Bornemisza

Une fabuleuse collection d'art européen. **p. 92**

Palais royal

Un joyau architectural. **p. 38**

Ermita de San Antonio de la Florida

L'œuvre de Goya dans toute sa splendeur. **p. 138**

Musée Lázaro Galdiano

Un bel hôtel particulier et de superbes œuvres d'art dans le quartier de Salamanca. **p. 108**

Plaza Mayor

La place la plus majestueuse de la ville. **p. 36**

Plaza de Toros

Des arènes prestigieuses et une architecture magnifique. **p. 120**

FAR RIGHT: S-F/SHUTTERSTOCK ©; RIGHT: BRUEV/GETTY IMAGES ©

MARQUES/SHUTTERSTOCK ©

San Lorenzo de El Escorial

L'Escurial ou une lubie royale aujourd'hui classée patrimoine mondial de l'humanité par l'Unesco. **p. 140**

Restaurants

Les traditions culinaires de Madrid n'ont peut-être rien d'extraordinaire, mais tout ce que la cuisine espagnole a de désirable s'exprime dans la capitale, des bars à tapas basques aux chefs de l'avant-garde catalane, et des meilleurs produits de la mer de Galice aux prises méditerranéennes d'Andalousie. Là où les villages d'Espagne livreraient leurs spécialités une à une, Madrid les offre toutes à la fois.

Spécialités madrilènes

Les copieux ragoûts (notamment en hiver) sont la principale spécialité locale. Il n'y a pas plus consistant que le *cocido a la madrileña,* à base de bouillon, de carottes, de pois chiches, de poulet, de *morcilla* (boudin), de bœuf, de lard et éventuellement de plusieurs sortes de saucisses. Parmi les autres plats madrilènes typiques : le *cordero asado* (agneau rôti), les *croquetas* (croquettes), les *patatas con huevos fritos* (ou *huevos rotos*, pommes de terre et œufs au plat), la *tortilla de patatas* (omelette aux pommes de terre) et les innombrables déclinaisons de *bacalao* (morue).

Spécialités régionales

La capitale souscrit sans réserve aux spécialités de toute l'Espagne, et aux innovations qui vont avec. Des tonnes de poissons et de fruits de mer sont importées quotidiennement des ports de la Méditerranée et de l'Atlantique pour satisfaire les grands amateurs que sont les Madrilènes, au point que la capitale espagnole, pourtant si loin des côtes, abrite le deuxième plus grand marché aux poissons du monde (après Tokyo).

Cuisine locale

Taberna La Bola Une des meilleures adresses pour manger un *cocido a la madrileña* et d'autres spécialités locales comme les *callos* (tripes). (p. 45)

Malacatín Un bar tout en carrelage typique où le *cocido* est servi

CASSANDRA GAMBILL/LONELY PLANET ©

aussi bien en tapas qu'en formule "à volonté" (plus authentique). (p. 58)

Restaurante Sobrino de Botín Dégustez des viandes rôties dans le plus vieux restaurant du monde. (p. 83)

Lhardy De la famille royale aux plus grandes stars, le Tout-Madrid se retrouve dans ce bastion de la cuisine traditionnelle. (photo ci-dessus, p. 83)

Posada de la Villa Cette ancienne auberge est célèbre à Madrid pour ses viandes rôties. (p. 60)

Casa Lucio Dans ce restaurant, un des plus réputés de Madrid, membres de la famille royale et Madrilènes ordinaires viennent manger un *cocido* et les meilleurs *huevos rotos* de la ville. (p. 59)

Cuisine espagnole

Maceiras Décor rustique et bonne cuisine des côtes de Galice – le *pulpo* (poulpe) est la spécialité de la maison. (p. 74)

La Cocina de María Luisa La région de Castille-et-León est à l'honneur dans ce restaurant réputé. (p. 116)

Biotza Le meilleur de la cuisine basque, des *pintxos* (tapas) servis au bar aux plats servis en salle. (p. 116)

Une table triplement étoilée

DiverXo (☎ 91 570 07 66 ; www.diverxo.com ; Calle de Padre Damián 23 ; formules 195-250 € ; ⏲ 14h-15h30 et 21h-22h30 mar-sam, fermé 3 semaines en août ; M Cuzco) est le seul restaurant madrilène avec trois-étoiles au Michelin. Son chef, David Muñoz, veut transmettre une "expérience frappante" : son équipe s'invite donc à la table des clients et ajoute à leurs plats de nouveaux ingrédients surprenants.

Tapas

MATT MUNRO/LONELY PLANET ©

Ir de tapas ou tapear (aller de bar en bar pour manger des tapas) est une des traditions les plus ancrées et les plus populaires à Madrid. Si nombre des meilleurs bars à tapas de la ville se trouvent à La Latina, l'amour des Madrilènes pour ces petites entrées est tel que chaque quartier peut se prévaloir d'excellentes adresses.

Bar à tapas

Estado Puro Dans son laboratoire gastronomique, Paco Roncero concocte les tapas les plus innovantes de la ville. (p. 104)

Taberna Matritum Un peu à l'écart des bars à tapas de La Latina, mais vaut le détour. (p. 58)

Juana La Loca On y mange la meilleure *tortilla de patatas* (omelette aux patates) de Madrid. (p. 58)

Txirimiri Une excellente *tortilla de patatas* et bien d'autres délices, presque toujours d'inspiration basque. (p. 57)

Casa Alberto *Jamón* (jambon), *croquetas* (croquettes) et autres tapas classiques dans un cadre traditionnel. (p. 74)

Pez Tortilla *Tortilla de patatas*, *croquetas* et bière artisanale. (p. 128)

Casa Revuelta À la carte de cette institution locale : la meilleure morue de la ville, des tripes à la madrilène et bien d'autres spécialités. (p. 44)

Bocaito Ici, les tapas sont typiquement andalouses ; les serveurs aussi... (p. 130)

Mercado de San Miguel Aux stands de ce marché, on peut commander de délicieuses tapas concoctées à partir de produits frais. (photo ci-dessus, p. 44)

Cafés

À Madrid, l'habitude de passer du temps au café remonte à la première moitié du XXe siècle, quand les cafés occupaient une place centrale dans la vie intellectuelle espagnole. Si de nombreux établissements ont fermé, certains existent encore et accueillent désormais toutes les couches de la société. La plupart des cafés ci-dessous sont surtout des lieux propices à une pause (recommandée), et ce à toute heure de la journée...

VICTOR TORRES/SHUTTERSTOCK ©

Cafés littéraires

Café-Restaurante El Espejo Ce café chargé d'histoire, un des lieux phare de la haute société madrilène, a conservé son décor d'origine. (p. 131)

Café Comercial Un des plus anciens cafés de la capitale espagnole, situé sur la Glorieta de Bilbao. (p. 131)

Gran Café de Gijón Un incontournable de la vie artistique et intellectuelle madrilène, aujourd'hui encore. (p. 131)

Café de Oriente Ici, on se sent plus dans un café d'Europe centrale qu'à Madrid ! Belle vue sur le palais royal. (p. 47)

Pour un rendez-vous entre amis

Café Manuela Le décor à l'ancienne se marie à la perfection avec la frénésie du Madrid moderne. (p. 132)

Café del Real Ambiance décontractée et intime, en plein cœur de la ville. (p. 47)

Lolina Vintage Café Cet établissement rétro à la clientèle hétéroclite sert cafés et cocktails. Une des adresses les plus branchées de Madrid. (p. 125)

Shopping

Madrid est une destination parfaite pour le shopping. Les fashionistas découvriront dans la ville une toute nouvelle génération de stylistes. Côté nourriture et boissons, outre les innombrables bars et restaurants dans n'importe quel quartier, la capitale compte d'excellentes épiceries, où l'on peut faire le plein de produits d'excellente qualité. Et les amoureux des beaux objets et autres souvenirs ne seront pas en reste.

Mode

À l'instar des grands chefs espagnols dont la cuisine a conquis le monde entier, les stylistes espagnols sont désormais réclamés sur tous les podiums. Si les couleurs vives et les imprimés accrocheurs ont fait leur apparition tard sur la scène internationale, ils sont présents à Madrid depuis bien longtemps. C'est au moment de l'explosion créative de la Movida, dans les années 1980, que la plupart des créateurs se sont fait un nom.

Gastronomie

Ces dernières années, les marchés madrilènes ont connu une véritable révolution. Ce sont devenus des espaces pleins de vie, où l'on peut à la fois manger et faire ses courses. Partout dans la ville, de petites boutiques spécialisées proposent des produits délicieux, tant pour les papilles que pour les yeux.

Artisanat

Vous pouvez rapporter à vos amis une affiche de corrida avec leur nom marqué dessus... ou opter pour quelque chose de plus élégant, comme une figurine en papier mâché, un bol en céramique délicatement façonné ou encore un éventail coloré peint à la main.

INGOLF POMPE 85 / ALAMY STOCK PHOTO ©

Boutiques de stylistes espagnols

Agatha Ruiz de la Prada Avec ses couleurs délirantes, la Pedro Almodóvar de la mode espagnole est devenue l'icône de toute une génération. (photo ci-dessus, p. 111)

Camper Seuls les Espagnols sont capables de créer une chaussure superstar mondiale en s'inspirant de simples chaussures de bowling… (p. 111)

Manolo Blahnik Les stars du monde entier s'arrachent les chaussures de ce créateur. (p. 111)

Produits gourmands

Mercado de San Miguel Entre autres délices, vous trouverez dans ce marché relooké de la charcuterie sous vide, prête à être rapportée. (p. 44)

Bombonerías Santa Chocolats à l'ancienne frôlant la perfection, emballés comme des œuvres d'art. (p. 119)

Oriol Balaguer Ce chef pâtissier, un des plus célèbres en Espagne, est aussi un grand chocolatier. (p. 119)

Mantequería Bravo La meilleure épicerie fine à l'ancienne de Madrid. (p. 118)

Souvenirs

El Arco Artesanía Souvenirs de créateurs en plein sur la Plaza Mayor (papier mâché, céramiques, foulards, etc.). (p. 48)

Antigua Casa Talavera Céramiques originales créées par des familles de potiers du centre de l'Espagne. (p. 48)

Casa Hernanz Les *alpargatas* (espadrilles) à semelles de corde sont un parfait souvenir de Madrid l'été. (p. 48)

Maty Chaussures et robes de flamenco on ne peut plus authentiques. (p. 49)

Botería Julio Rodríguez Outres à vin espagnoles à l'ancienne. (p. 62)

Musées

Madrid fait partie des grandes capitales artistiques mondiales. Elle compte un nombre surprenant de grands musées, héritage d'une royauté qui, pendant des siècles, chercha à étendre son influence en courtisant les grands peintres. Au final, ce sont des collections d'une richesse sans pareille qui ont été constituées.

Paseo del Arte

Peu d'artères au monde réunissent sur quelques mètres seulement autant de grands musées que le Paseo del Prado (surnommé "Paseo del Arte"). S'y succèdent en effet trois incontournables pour les amateurs d'art, désignés par les diminutifs Prado, Thyssen et Reina Sofía. Leurs collections conjuguées sont d'une richesse extraordinaire et couvrent l'ensemble des grands artistes espagnols, de Goya à Picasso, ainsi que les principaux maîtres européens.

Au-delà du "triangle d'or'

En dehors de ces trois incontournables, peu de touristes visitent les autres musées qui, dans d'autres villes, occuperaient une place de choix. Par exemple un des rares endroits où l'on peut voir des peintures de Goya dans leur contexte d'origine, ou une école d'art qui fut fréquentée par tous les grands maîtres espagnols, ou encore un musée consacré à Joaquín Sorolla, l'un des peintres les plus célèbres en Espagne mais peu connu à l'étranger. Et du Prado à la Reina Sofía en passant par le Caixa Forum et le Museo Sorolla, l'architecture de tous ces musées est en plus remarquable.

Maîtres espagnols

Musée du Prado On vient pour Goya et Vélasquez, puis on passe facilement la journée à naviguer entre les siècles les plus riches de la peinture européenne. (p. 86)

INGOLF POMPE 85 / ALAMY STOCK PHOTO ©

Real Academia de Bellas Artes de San Fernando Picasso et Dalí y étudièrent, et l'on peut y voir des œuvres d'icônes nationales comme Goya, Picasso, Vélasquez et Zurbarán, pour ne citer qu'eux. (p. 71)

Ermita de San Antonio de la Florida Ce modeste ermitage – un site méconnu de la capitale – conserve d'extraordinaires fresques peintes *in situ* par Goya en 1798. (p. 138)

Art moderne et contemporain

Centro de Arte Reina Sofía Si *Guernica* de Picasso et les esquisses correspondantes sont au centre de l'attention, n'en oubliez pas pour autant Dalí, Miró et tous les grands artistes espagnols du XXe siècle. (p. 96)

Caixa Forum Ce bâtiment à l'architecture avant-gardiste programme d'excellentes expositions temporaires de genres divers : photographie, peinture, installations, etc. (p. 103)

Et aussi...

Musée Thyssen-Bornemisza Cette collection privée compte tous les grands noms du monde de l'art, du Moyen Âge à Jackson Pollock et à Mark Rothko. (photo ci-dessus, p. 92)

Museo Sorolla Les tableaux du peintre valencien, exposés dans son ancienne demeure, portent en eux l'essence même de la Méditerranée. (p. 137)

Musée Lázaro Galdiano Dans un bel hôtel particulier du quartier de Salamanca, cette remarquable collection privée comprend des œuvres de Goya, du Greco et de Constable. (p. 108)

Real Monasterio de San Lorenzo de El Escorial Le Greco et d'autres maîtres ont apporté leur touche artistique au superbe palais-monastère de l'Escurial. (p. 140)

Parcs et jardins

Le Parque del Buen Retiro, un superbe espace vert en plein cœur de la ville, est très fréquenté, surtout le week-end. Mais Madrid compte bien d'autres lieux où profiter de la verdure. Par exemple les allées centrales du Paseo del Prado, magnifiquement ombragées par des arbres plantés au XVIIIe siècle, et bordées d'un côté par le Real Jardín Botánico.

ITZAVU/SHUTTERSTOCK ©

En centre-ville

Parque del Buen Retiro
Le plus beau et le plus vaste espace vert de Madrid compte quelques monuments et des pelouses bien entretenues. (p. 100)

Jardines de Sabatini
Des jardins impeccables, à l'ombre du palais royal, ornés de fontaines et de haies labyrinthiques. (p. 39)

Plaza de Olavide
Une des places les plus verdoyantes de Madrid, entourée de bars où il fait bon s'asseoir à l'ombre. (p. 137)

Real Jardín Botánico
D'immenses massifs de plantes locales ou exotiques parcourus d'allées, à deux pas du Museo del Prado, en plein centre-ville. (photo ci-dessus, p. 103)

Un peu excentré...

Casa de Campo Ce vaste parc boisé situé à l'ouest du centre-ville abrite des restaurants, un téléphérique, un lac, un zoo et même un parc d'attractions.

Campo del Moro Cet espace, caché en contrebas du palais royal, rivalise avec le Retiro pour le titre de plus beau parc de Madrid.

Avec des enfants

Pour que les enfants profitent d'un séjour à Madrid autant que leurs parents, le mieux est de planifier des activités. Les grands musées proposent souvent des ateliers pour les petits et la plupart distribuent des guides adaptés. On trouve des aires de jeux sur de nombreuses places et le Parque del Buen Retiro est la destination idéale pour les activités de plein air.

EDACCORA/SHUTTERSTOCK ©

Activités et visites

Parque del Buen Retiro Aires de jeux, vastes pelouses, promenades en bateau, location de vélos et parfois spectacles de marionnettes. (photo ci-dessus, p. 100)

Zoo Aquarium de Madrid Un beau zoo où l'on peut voir des centaines d'espèces. (☎ 902 345014 ; www.zoomadrid.com ; adulte/enfant 23/19 € ; 🕑10h30-22h dim-jeu, 10h30-minuit ven-sam juil-août, horaires réduits sept-juin ; 🚌37 depuis Intercambiador de Príncipe Pío, Ⓜ Casa de Campo).

Parque de Atracciones Un bon parc d'attractions avec de nombreux manèges pour les petits et les grands. (☎ 91 463 29 00 ; www.parquedeatracciones.es ; adulte/enfant 32/25 € ; 🕑12h-minuit juil-août, horaires variables sept-juin).

Teleférico Funiculaire reliant le Paseo de Pinto Rosales à la Casa de Campo. (☎ 91 541 11 18 ; www.teleferico.com ; angle Paseo del Pintor Rosales et Calle de Marqués de Urquijo ; aller simple/aller-retour 4,20/5,90 € ; 🕑12h-21h mai-août, horaires réduits sept-avr ; Ⓜ Argüelles).

Estadio Santiago Bernabéu Le Q.G. du Real Madrid est un gigantesque stade de football, vraiment impressionnant, et en plein centre-ville. Visites, musée et matchs d'août à mai. (☎ 902 324324 ; www.realmadrid.com ; Avenida de Concha Espina 1 ; billets à partir de 40 € ; Ⓜ Santiago Bernabéu)

Casa Museo de Ratón Perez Visites guidées pour enfants de la maison de la "Petite Souris" espagnole. (☎ 91 522 69 68 ; www.casamuseoratonperez.com ; 1er ét, Calle de Arenal 8 ; 3 € ; 🕑17h-20h lun, 11h-14h).

Bars

"Personne à Madrid ne va se coucher avant d'avoir tué la nuit." Les nuits madrilènes sont légendaires et les lignes écrites par Ernest Hemingway dans les années 1930 n'ont rien perdu de leur actualité. La capitale espagnole compte un très grand nombre de bars : avec 6 bars pour 100 habitants, vous n'aurez que l'embarras du choix !

Avant de dîner

Si vous ne parvenez pas à vous habituer aux horaires de repas tardifs des Madrilènes, regardez donc le bon côté des choses. Ici, l'apéritif est une véritable institution locale et la tournée des bars commence généralement tôt, avec un verre et des tapas... soit de quoi combler un petit creux ! Un conseil : pour manger de bonnes tapas, allez dans les établissements réputés pour la qualité de leur cuisine.

Horaires d'ouverture

Les bars madrilènes vont des bistrots de quartier modestes aux adresses aussi chics que branchées. Les premiers ouvrent généralement durant la journée et les seconds rarement avant 20h. Certains endroits peuvent fermer une demi-heure plus tôt ou plus tard (notamment les vendredis et samedis soir), mais le seuil est invariablement fixé à 3h. Si le choix est immense entre minuit et l'horaire de fermeture officiel, les fantastiques bars à cocktails de la ville sont vraiment le meilleur endroit pour terminer en beauté la soirée...

Bars à cocktails

Museo Chicote Le bar à cocktails le plus connu de Madrid, fréquenté depuis longtemps par les célébrités, de Hemingway à Sophia Loren. (p. 131)

Del Diego Un lieu plutôt calme où les *famosos* (stars) viennent boire des cocktails aussi originaux que maîtrisés... et frôlant même la perfection. (p. 132)

1862 Dry Bar Cocktails créatifs et cadre chic, dans la très branchée Calle del Pez. (p. 132)

CASSANDRA GAMBILL/LONELY PLANET ©

Bars sur les toits

La Terraza del Urban Une luxueuse adresse, idéale par une chaude soirée d'été. (p. 77)

Tartán Roof Un lieu très chic, donnant sur une des plus belles vues de tout Madrid. (p. 76)

Delic Des mojitos de haut vol servis sur une ravissante petite place. (p. 60)

El Imperfecto Excellents cocktails et bonne ambiance, à l'image du quartier de Huertas. Un des meilleurs bars de la ville. (p. 76)

Bars de quartier

La Venencia Un bar hors du temps, où le vin est tiré de vieux fûts, à côté de la Plaza de Santa Ana. (p. 76)

Bodega de la Ardosa Un classique à Malasaña. (photo ci-dessus, p. 129)

Et aussi...

Café Belén De fabuleux mojitos dans une ambiance décontractée. (p. 131)

Taberna El Tempranillo Très bon bar à vins dans la Calle de la Cava Baja. Un mur entier est recouvert de bouteilles. (p. 60)

Anticafé Esprit bohème et espace culturel. (p. 47)

Taberna La Dolores Un bar historique très chic à deux pas du Paseo del Prado. (p. 69)

Pour les fans du ballon rond

Le **Real Café Bernabéu** (☎ 91 458 36 67 ; www.realcafebernabeu.es ; Porte 30, Estadio Santiago Bernabéu, Avenida de Concha Espina ; 🕐 22h-2h ; Ⓜ Santiago Bernabéu) est un bar à cocktails très branché pour *beautiful people* d'où l'on a une vue plongeante sur l'incontournable stade de football. Il ferme deux heures avant les matchs et rouvre environ une heure après.

Musique live et flamenco

La scène musicale madrilène est très riche. On peut écouter du flamenco, évidemment, du jazz de qualité, mais aussi nombre d'artistes dont vous n'avez peut-être jamais entendu parler – parmi lesquels, peut-être, la prochaine révélation espagnole ? L'opéra et la zarzuela (mélange de théâtre, musique et danse) constituent une expérience plus classique...

Flamenco

Si le flamenco a ses origines en Andalousie, Madrid attire les plus grands artistes du genre. Au mois de juin, la ville accueille le prestigieux **festival Suma Flamenca** (www.madrid.org/sumaflamenca).

La plupart des *tablaos* (salles de spectacles de flamenco) servent à manger. Ces repas sont souvent trop chers, mais quand on prend un billet pour le spectacle uniquement (comprenant généralement une boisson), on prend aussi le risque de ne pas être bien placé... Si possible, achetez vos billets par vous-même pour avoir une idée de l'endroit où vous serez installé.

Jazz

Madrid est une des meilleures destinations en Europe pour écouter du jazz. La ville compte notamment trois excellentes salles. Les groupes se produisent généralement une semaine entière, ce qui permet d'obtenir des billets plus facilement...

Rock

À l'apogée de la Movida, quelque 300 groupes de rock se produisaient dans les bars du quartier de Malasaña. Bien qu'il y ait moins de concerts aujourd'hui, l'esprit de cette époque bouillonnante est encore bien présent.

Tablaos de flamenco

Teatro Flamenco Madrid
Une nouvelle adresse fantastique, avec des prix

EFIRED/SHUTTERSTOCK ©

raisonnables et du flamenco de haut niveau. (p. 133)

Las Tablas Une petite salle proposant toujours des spectacles de grande qualité. (p. 47)

Casa Patas Une des adresses les plus célèbres de Madrid, doublée d'une école de flamenco réputée. (p. 61)

Villa Rosa Cette salle qui a accueilli le tournage d'un film d'Almodóvar est récemment revenue à ses racines *flamencas*. (p. 80)

Café de Chinitas Une programmation excellente dans un beau cadre. (p. 47)

Café Ziryab Au nombre des meilleures adresses à Madrid pour sa scène flamenco ouverte, c'est-à-dire sur laquelle tout le monde peut s'exprimer. (p. 62)

Salles de jazz

Café Central Tous les grands noms du jazz ont joué dans la superbe salle Art déco de ce club régulièrement classé parmi les meilleurs du monde. (p. 78)

El Junco Jazz Club Propose une excellente formule : concerts de jazz et DJ toute la nuit. (p. 135)

Clubs de rock et plus...

Sala El Sol Ce lieu emblématique du Madrid des années 1980 a toujours autant de succès. (p. 78)

Costello Café & Niteclub Une adresse chic rappelant les bars à cocktails de SoHo. (p. 80)

ContraClub Le rock est souvent à l'honneur dans ce club/salle de concerts à la programmation variée. (p. 62)

Musique classique

Teatro Real Les meilleurs artistes lyriques espagnols se produisent dans cette salle à l'acoustique parfaite. (photo ci-dessus, p. 43)

Teatro de la Zarzuela Programme des *zarzuelas*, un genre espagnol typique mi-théâtre mi-opéra, ainsi que de prestigieux spectacles de danse contemporaine. (p. 78)

Clubs

Les discothèques (discotecas en espagnol) de la capitale n'ont rien à envier à celles des autres villes espagnoles ou européennes. Les nuits madrilènes sont longues et animées ; et les noctambules vivent ici intensément. Les meilleures adresses sont généralement de gros clubs à la déco design et à la clientèle ultra branchée comptant parfois de nombreuses salles avec des styles musicaux variés.

MARK READ/LONELY PLANET ©

Horaires d'ouverture et tarifs

La plupart des établissements n'ouvrent pas avant minuit environ, et il n'y a vraiment de l'ambiance qu'à partir de 1h, voire 3h dans certains endroits, après la fermeture des bars. Les prix d'entrée varient beaucoup, mais tournent généralement autour de 15 €. Les boîtes où l'entrée est gratuite se rattrapent sur le prix des boissons ; ne planifiez donc pas votre soirée en fonction des tarifs à l'entrée.

Les meilleures adresses

Teatro Joy Eslava Cet ancien théâtre est depuis longtemps réputé pour sa bonne musique, ses performances live et sa clientèle joyeuse. (p. 45)

Teatro Kapital Il y en a pour tous les goûts dans le plus ancien mégaclub madrilène, qui compte 7 étages. (p. 105)

Ya'sta Cette institution dans le quartier de Malasaña compte dans les nuits madrilènes depuis trente ans. (p. 133)

Almonte Pour changer des boîtes habituelles, allez écouter des airs de flamenco et mêlez-vous au joli groupe de danseurs amateurs. (p. 118)

Gabana 1800 Gardez l'œil ouvert : vous pourriez y croiser des joueurs du Real Madrid. Évidemment, il est difficile d'y entrer. (p. 117)

Madrid gratuit

Visiter Madrid peut se révéler cher, mais si l'on organise bien son planning, on peut découvrir le meilleur de la capitale espagnole sans se ruiner... Certains sites peuvent en effet être visités gratuitement. Et pour les sites les plus importants, renseignez-vous bien, l'entrée est parfois libre à certaines heures.

BILL PERRY/SHUTTERSTOCK ©

Toujours gratuit

Ermita de San Antonio de la Florida Admirez gratuitement les fresques de Goya, à l'endroit même où il les a peintes. (p. 138)

El Rastro Le marché aux puces du dimanche matin est une activité incontournable à Madrid. (p. 53)

Parque del Buen Retiro Un magnifique parc, en plein cœur de la ville. (p. 100)

Estación de Chamberí Descendez sous terre pour explorer la station de métro fantôme de Madrid. (p. 137)

Templo de Debod Madrid possède son propre temple égyptien, dont l'accès est gratuit, comme celui du joli parc qui l'entoure. (p. 139)

Museo de Escultura al Aire Libre Des sculptures de certains des plus grands artistes espagnols, exposées en plein air. (p. 114)

Museo Taurino La visite des arènes et du musée est gratuite, contrairement aux visites guidées et aux corridas. (p. 120)

Museo de Historia Un voyage à travers le passé de Madrid, avec une toile de Goya en prime. (p. 128)

Parfois gratuit

Musée du Prado Gratuit entre 18h et 20h du lundi au samedi, et entre 17h et 19h le dimanche. (p. 86)

Musée Thyssen-Bornemisza Gratuit le lundi. (p. 92)

Centro de Arte Reina Sofía Gratuit de 13h30 à 19h le dimanche, et de 19h à 21h le lundi et du mercredi au samedi. (p. 96)

Real Academia de Bellas Artes de San Fernando Gratuit le mercredi. (p. 71)

Basílica de San Francisco El Grande Gratuit aux heures de messe. (photo ci-dessus, p. 56)

Madrid en 4 jours

Jour 1

MARK READ/LONELY PLANET ©

Commencez la journée comme il se doit, **Plaza Mayor** (p. 36), ou devant un petit-déjeuner avec un *chocolate con churros* (photo ci-dessus) à la **Chocolatería de San Ginés** (p. 46). Tant que vous êtes dans la vieille ville, allez voir la **Plaza de la Villa** (p. 42) et la **Plaza de Oriente** (p. 43). Après un café ou un verre de vin au **Café de Oriente** (p. 47), visitez le **palais royal** (p. 38), puis allez au **Mercado de San Miguel** (p. 44) pour un déjeuner de tapas. Si vous ne devez visiter qu'un seul musée à Madrid, optez pour le **musée du Prado** (p. 86), où l'on passe facilement tout l'après-midi. Dînez au **Restaurante Sobrino de Botín** (p. 83). Offrez-vous ensuite un spectacle de flamenco à **Las Tablas** (p. 47), suivi d'un cocktail au **Museo Chicote** (p. 131).

Jour 2

KRZYSZTOF DYDYNSKI/LONELY PLANET ©

Visitez le **Centro de Arte Reina Sofía** (p. 96) puis, pour changer de l'animation de la veille, prenez les rues filant jusqu'au **Parque del Buen Retiro** (photo ci-dessus, p. 100), où vous profiterez du calme pendant une ou deux heures. Descendez jusqu'à la **Plaza de Cibeles** (p. 103), déjeunez de tapas à **Estado Puro** (p. 104) ou à **Los Gatos** (p. 75), puis prenez le métro pour aller admirer les fresques de Goya à l'**Ermita de San Antonio de la Florida** (p. 138). De retour dans le centre, faites le plein de souvenirs à la **Casa de Diego** (p. 80), à **El Arco Artesanía** (p. 48) et à l'**Antigua Casa Talavera** (p. 48). Allez écouter du jazz au **Café Central** (p. 78), puis prenez un verre à **El Imperfecto** (p. 76), avant d'aller dîner à **Casa Alberto** (p. 74).